JN101206

世界でいちばん
観られている旅

NASDAILY

ヌサイア・"NAS"・ヤシン 著

with **ブルース・クルーガー**　　　**有北雅彦** 訳

太郎次郎社
エディタス

マルタ、724日目（p.96）

イスラエル、330日目（p.102）

僕を信じてくれた
1182万9656人のために

日本、516日目 （p.129）

アフリカ、964日目 （p.172）

ジンバブエ、600日目 （p.207）

パキスタン（的なところ）、449日目 （p.109）

シンガポール、865日目（p.198）

フィリピン、492日目（p.154）

アイスランド、792日目（p.224）

メキシコ、526日目（p.179）

パプアニューギニア、856日目（p.237）

たとえば、きみが毎晩、好きな夢を見ることができたとしよう。当然、この夢のなかの冒険では、すべての願いは思いのままだ。あらゆる喜びを得ることができるだろう。でも何日かたって、きっときみはこう言う。「う〜ん、なかなかよかったけど、今度はサプライズがほしいな。僕に何かが起こって、それがなんなのかもわからないような、さきの見えない夢が見たいんだ！」。そうすると、もっともっと冒険心が湧いてきて、自分が見る夢にどんどん賭けていくことになる。そして最終的に、いまの自分を夢見ることになるんだ。

──アラン・ワッツ『ザ・ドリーム・オブ・ライフ』

プロローグ
だからこそ、僕は世界を旅する

●イースター島での72時間

　オーケー、認めよう。僕は一瞬、われを忘れたんだ。

　その日は2016年10月2日で、僕は世界をめぐる冒険の176日目にいた。それまでにNAS DAILY（ナス デイリー）は約20か国、63都市を訪れていて、チリでは2日間の旅を終えたところだった。1日目はサンティアゴで、超高層ビル「グラントーレ・サンティアゴ」の屋上から素晴らしい映像を撮影し、2日目は港町バルパライソで、有名なカラフルな街並みを撮影し、湾岸でサンセット・ディナーを楽しんだ。

　だけど、僕がこのチリという国を訪れたのは、イースター島に行くためだった。

　その日、僕はポリネシアン・トライアングルの最東端に浮かぶ163km²の島の海岸に立っていた。とにかく興奮していた。イースター島は素晴らしい場所だと聞いていたけれど、風と波と美しい自然に圧倒され、ぐらっときて、突然、人生のすべてがこの空間、この場所、この瞬間に集約されているかのように感じた。

「すごい映像が撮れたんだ！」。NAS DAILYのオープニングで、僕はキャノンのレンズの奥に向かって叫んだ。風でTシャツが波打ち、笑顔は燃えるようだった。「どこって？　イースター島さ！　どうかしてるよ、この島は！」

イースター島にそびえ立つモアイの顔

その後、僕は2日と半日をかけて島を縦断し、つぎからつぎへと驚くべき映像を撮影し、抑えきれないほどの幸福感に包まれた。

北部の海岸線の、深紅の断崖に打ちつける怒涛の波。山の尾根の上を流れる分厚い雲のタイムラプス映像。金色の草原でのんびりと草を食む野生の馬。島に点在する緑の丘のパノラマ。

そしてもちろん、イースター島の象徴ともいえる巨大な人間の頭の彫刻「モアイ」。約8世紀前にラパ・ヌイ族によって造られたものだ。島の周囲を見張り、住民を守るために立っているこの一枚岩の巨体は、ぜんぶで887体あり、最大のものでは高さ21mを超え、重さ150トンにもなる。

僕は丘の中腹にある1体のモアイを指しながら、カメラに向かって言った。「島の中央に顔があるんだ！　まわりには何もない。いちばん近い陸地は、ここから6時間も離れたところにあるんだ！」

真っ赤なカワサキのオフロード四輪・ブルートフォースをレンタルして乗りこみ、島を縦断した。この旅を続けるうちに、僕はどんどん自由に、ワイルドになってきていた。バレエダンサーみたいに飛びはねたり、ココナッツの木立のなかを疾走したり、カメラに向かって心の底を打ち明けたり――。この島は、僕を完全に解き放ってくれたようだった。

「この自然がたまらなく好きだ。美しい。それしか言葉が出てこないよ」

僕はイースター島の上空180mのところにドローンを飛ばした。いつものように彼女は魅惑的な風景の上を飛びまわり、神のみが見ることのできる、目もくらむような映像を届けてくれ

た。

「天国を見たいって？　あそこを見てごらんよ！」

　僕は視聴者に向かってそう言った。

　その日の夜、Facebookに投稿するための映像編集で、BGMに選んだのは映画『ゼロ・グラビティ』のテーマ曲だった。イースター島ですごした一瞬一瞬が、無重力を感じさせるものだったからだと思う。

　あっというまに島での3日間が過ぎた。じつを言うと、この島に対する僕の過剰な熱意が（そして、ちょっと違法なドローン活動が）注目を集めていた。悪い意味でね。

　パーク・レンジャーは僕が島を出るとき、チケットに「Kaui riva tiva te kapi ne」と書いた。ラパ・ヌイ語で「もう来ないでくれ」っていう意味だ。

　いいさ、十分だ。イースター島での72時間は、まるで魔法にかけられたような体験だった。それは、2016年からのこの壮大な旅のほぼすべての行程で経験した、心臓が止まるような畏敬の念と同じ感覚だった。

　日本の本州で霧の朝、雲の切れ間から富士山を見る。

　ナイジェリアのズマ・ロックの影に立ち、そこに住んでいる伝説のゴーストを探す。

　ドイツ・ケルンの600年前の大聖堂や、インド・リシケシの森の聖域、タイ・プーケットの仏教寺院に足を踏み入れる。

　モロッコのサハラ砂漠の星空の下で眠る。死海で泥風呂に入る。エルサレムやパレスチナの古い街並みを歩く。

　どんな国であっても僕は、人間の精神の不滅性と心の圧倒的な力をまぢかに見つづけた。アラビア語でNAS（ナス）は「人びと」

を意味するが、このワイルドな冒険で僕がもっとも大切にしたのは「人びと」だった。

　たとえば、僕がミャンマーで出会った11歳の女の子は、8人の家族を養うためにツアーガイドとして働けるよう、7つの言語を独学で学んだ。

　また、NAS DAILYのフォロワーでもあるインドの青年は、僕がインドを訪れていて体調を崩していることをネットで知り、僕を探しだして自分の家に招き、家族みんなで世話をしてくれた。

　ギリシャの難民キャンプに住むシリア人の未亡人は、戦禍によって家族がちりぢりになっていたが、恨みも怒りももたず、わずかな食料を集めてはキャンプに住む数十人の子どもたちのために食事をつくる日々を送っていた。「私はここにある自分を誇りに思ってるわ」——そんなふうに彼女は言っていた。

　これが、僕が仕事を辞めた理由だ。だからこそ、僕は世界を旅する。

　そのために、僕はNAS DAILYを始めたんだ。

●アラバ村のインターネット少年、ハーバードへ

　2016年4月10日、僕はケニアのナイロビへの片道航空券を購入し、終わりの見えない旅に出た。計画は比較的シンプルで、60日間でできるだけ多くの場所を訪れ、毎日1本の動画を撮影し、Facebookに旅の記録を投稿するというものだった。

　その考えはたしかにばかげていたけど、旅の厳しさは十分承知したうえでのことだった。実際、僕はそれまでの24年間でかなりの旅をしてきたし、そのすべてが安全な旅行先だったわ

BANGKOK, THAILAND

PHNOM PENH

ルービック・キューブ、11か国の旅

けじゃない。モスクワやカンボジア、スリランカや北朝鮮にも行ったし、そもそも僕が育ったのは戦争が絶えない中東だ。

　僕は、自分の活躍をカメラに収めることにも慣れていた。その2年前、僕は3か月間かけて、11か国を旅しながら、ただただルービック・キューブを解くという企画動画をつくっていた。新しい街に着くと、地元の人や観光客、だれでも目についた人に(ときには動物にも!)キューブを手渡し、「1回だけ回してください」ってお願いするんだ。90日後、84人の人びとと1匹のタイの猿がキューブを解いた。

　だけど、今回の旅はそのときとは違うものになると思っていた。というのも、自分がなぜこの旅をしようとしてるのか、何を達成したいのかがよくわからなかったからだ。逆に言えば、まさにその制約のなさ、つまり筋書きのない、前人未到の予測

不可能な旅こそが目的だったんだ。

　旅に出るまえから、僕は自分の生活がルーティン化していることを自覚していた。僕が嫌いなもの、それは型にはまった生活だ。僕のLinkedIn（リンクトイン）のプロフィールに載っているのは、スマートに黙々と仕事をこなすエリートビジネスマンの姿だ。でも、目の前の鏡に映る現実の僕は、毛深い24歳のパレスチナ系イスラエル人で、冒険の世界に飛びこむために、名門大学を卒業して約束されたエリート街道を、みずからドロップアウトしようとしている。

　おっと、そこから話しても説明不足だね。時を戻そう。

　僕はイスラエルの小さな村、アラバで生まれ育った。下ガリラヤのサクニン渓谷の斜面に、白い石造りの家が密集して建っている。人口は2万5千人、観光客はゼロ、約50万個の甌穴（おうけつ）がある。街はオリーブ、スイカ、タマネギなどを育てる豊かな農地に囲まれ、12階建てのミナレット（尖塔）をもつ大モスクが

イスラエルのアラバ村

周囲のイスラム建築を圧倒して建っている。だけど、アラバ村の最大の特徴は、〝ユダヤ人国家のなかのアラブ人都市〟という存在であることだ。

　僕は温かく魅力的な家庭で育った。貧しくもなく、豊かでもなかったが、おたがいを尊重する家庭だった。父は心理学者、母は学校の先生で、僕は4人きょうだいの2番目だ。物やお金にはあまり恵まれなかったけど、愛と自由には恵まれていた。

　ふり返ってみると、僕はとてもシャイな子どもで、社会生活をまったく送っていなかった。毎日、パソコンの前に座って、インターネットで勉強、勉強、勉強と過ごしていた。好奇心旺盛な子どもの心とスキルセットを広げるのに、Google以上のものはない。

　インターネットは、僕がピアノを弾くことを学んだ場所だ（いまだに楽譜は読めない！）。ペン回しのテクニック（社交上のアイスブレイカーとして想像以上に重宝する）や、ルービック・キューブを16秒で解くやり方を学んだ場所でもある（プライベートな記録で、運もよかった）。

　異国の地や異文化に初めて触れたのもインターネット。アラブ語の字幕つきのアメリカ映画を見たり、オンラインゲームに参加したりして、英語を学んでいった。ひととおりの基礎を吸収できたし、たくさんの便利なスラングを覚えるのが楽しかった。ネット以外でも、僕は英語を学ぶことに没頭し、学校からの帰り道は、ずっと独り言で英語の練習をしていた。僕の目標は、すべての発音を訛りのない正確なものにすることだった（とくに難しかったのはsalmon鮭だ！）

　ところが19歳になるころには、僕は日々の生活にストレスが

なさすぎて、逆に落ち着かなくなっていた。そのときはまだわからなかったけど、僕にとって快適さとは、ものごとがうまくいかないことを示す最初のサインなんだ。「人生は快適な空間を出るところから始まる」という格言が人気なのには理由がある。それが真実だからだ。ぬるま湯は、成長を止め、停滞を生む。それが2011年の僕だった。

そんななか、思いがけないことが起こった。アメリカ・オハイオ州出身のマーサ・ムーディという作家が、アラブ系市民のコミュニティでボランティア活動をするためにイスラエルにやってきたのだ。彼女は僕の高校の英語教師、ジャマール・アサディ先生といっしょに活動をしていた関係で、僕のクラスにライティングの授業をしにきてくれた。彼女は息子のジャックを連れてきていて、ペン回しのコツを教えたら、すぐに仲よくなった。かれらがオハイオ州に戻ったあとも、僕たちは連絡をとりあっていた。

数か月後、マーサからこんなメールが届いた。
「こんにちは、デカっ鼻くん。ねえ、オハイオに遊びにこない？　きみが泊まるところもあるし、久しぶりに会いたいわ」

それでオハイオ州に遊びにいったら、ハーバード大学に通う長男のイーライを訪ねてごらんと言われた。

なんだかトントン拍子に運ぶなと思ったら、ぜんぶマーサのお膳立てだったんだ。どうやら彼女は、僕の日々の持てあましかげんを察知して、ハーバード大学に入るというとんでもない目標を僕の前にぶら下げるのがよいと考えたようだった。僕の学業方面に何か可能性を見出したのかもしれないし、ネットで遊んだり、英語のスラングを練習したりして、アラバで毎日を

無駄に過ごしている僕を気の毒に思ったのかもしれない。

　だとしたら、マーサはなかなかいい線をついていた。けれど、僕はまわりに愛されて育ってきていたし、アラバの文化では、むやみに住所を変えることはよしとされていなかった。僕の村やそのあたりでは、新しい家を買ったりとか、離婚して引っ越したりとかいうことはほとんどなかったんだ。みんな自分の土地をとても愛していて、そこで一生を終えたいと思っている。だから、だれかの誘いにホイホイ乗ってどこかよその土地へ——よりによってアメリカに——移住するなんていうのは、考えられないことだった。

　にもかかわらず、僕はハーバードという餌にまんまと食いついてしまった。とても強く。あのキャンパスに足を踏み入れた瞬間から、僕の目に映る世界はバラ色に染まったと言っていい。ここが、僕がこれから登るべき坂になるだろう。僕の持てるすべてを懸けることになるだろう。そう決心したんだ。

　イスラエルに戻った僕は、ハーバード大学の入学手続きについて調べはじめた。当時の合格率は３％で、運よく入学できても授業料は年間６万ドル（約６００万円）。妄想を断念させるには十分な数字だ。だけど、アラブ人の田舎者がアメリカのエリート大学生になる！　というこの夢の無謀さは、逆に僕をつき動かすだけだった。どうせダメもとじゃないか。そこで僕は、必要書類に記入し、高校の成績証明書を提出し、学資援助を申請した。あとは運を天に任せて祈るだけだった。……とはいえ、正直に言うと、僕は祈ることすらしなかった。合格なんてできるわけない。そう思ってたんだ。

　そして……。通った。通ったんだ。

まさかのまさかだ。僕はハーバードに行くことになった。

●失敗経験を積んで得た自信

　ふり返ってみると、マサチューセッツ州ケンブリッジのアカデミックな環境で過ごした4年間で僕が得た最大の収穫は、だれもが自分の人生をワンランク・アップさせる可能性をもっている、という認識を得たことだった。

　ハーバード大学に入るためには、優秀な成績とそれなりのコネが必要だといわれる。たしかにそうだ。だけど、それに加えて必要なのは、何に対しても貪欲であることだ。写真への飢え。数学への飢え。スポーツへの渇望。自分のなかにある秘密の電源をオンにするものならなんでもいい。

　ハーバード大学に出願したとき、僕は空腹どころじゃなく、飢餓状態だった。でも、自分が何に飢えているのかさえよくわからなかった。だから、まずは自分が何に向いてるのかを探り、ITの分野に可能性を見出したんだ。そこで2年生から4年生のあいだ、僕は夏休みをニューヨークで過ごし、夢を追う仲間とチームを組んで「バズるアイデア」を模索した。僕たちはハーレムにある安いアパートに住み、ベンチャー企業向けの狭いオフィススペースを借り、食事は道端の屋台ですませた。

　居心地のよさから離れて生活することが成功の秘訣なら、僕は20歳までに大成功していてもおかしくなかった。なぜなら、その2年間に僕がしていたことのほとんどが、失敗を経験することだったからだ。それも、何度もね。

　2012年、僕はソーシャルメディア上で親切な行為をシェアすることで報酬をもらえるオンライン・プラットフォーム

「Kindify」を立ち上げた。だけど、これは失敗に終わった。

その後、「Branchly」を立ち上げた。接続性を高めるために、すべてのソーシャルメディアを結びつける検索エンジンだ。これも失敗。

そこで思いついたのが、1分以内の記事だけを表示するニュース・アグリゲーター「Downtime」だった。またも残念。

まだまだあるぞ。大ヒットの予感しかしなかった旅行者向け衣類レンタル会社「Oyster」にもトライしてみた。ご愁傷さま！

最後はこれ。レストランのBGMのための音楽レコメンドサービス「Delphi」をつくった。結果はご覧のとおり。

だけど、失敗はどんなスタートアップにもつきものだ。重要なのは、これらの失敗を通じて、2014年に新卒としてハーバード大学の門から出たときには、大学では教えてくれない「現実の厳しさ論」という授業の単位を取得できていたことだ。これは僕に大きな自信を与えてくれた。

自信があれば、自分を売りこむことができる。だからこそ、2014年9月、ハーバード大学の卒業証書のインクもまだ乾ききってないうちに、巨大なモバイル決済サービスVenmoのソフトウェア・エンジニアとしてフルタイムで採用されたんだ。

エンジニアである僕の仕事は、Venmoが収集する数百億ドル規模の膨大な決済データを処理し、それをPayPalに送信するというバックインフラの担当だった。

正直に言うと、Venmoでの生活は素晴らしいものだった。オフィス（マンハッタンだぜ！）に行くと、無料のヘルシーな朝食が出て、調節可能なスタンディング・デスクで仕事をして、また無料のランチを食べて、世界中のユーザーの生活を向上さ

せるアプリの開発に携わることができる。給料もいい。年収12万ドル。

　将来性のある業界、素晴らしい環境、素晴らしい給料——そう、そこにあったのは完璧な仕事だ。だからこそ僕は、辞めざるをえなかったんだ。

●いまを犠牲にすることへの怒りから仕事を辞める

「えーっと、整理してもいいかな」。友だちは僕に言った。「ようするに、きみがVenmoを辞めるのは〝いい仕事だから〟ってこと?」

　たしかに、おかしな話だ。僕は大学を卒業したばかりで、年間12万ドルを稼いでいたのだ。常識的に考えれば、まだ入社して20か月しかたっていないんだから、もう少しがんばって、可能性を試してみようとするのがふつうだ。実際、会社の業績と将来性を考えるに、このまま意欲的に仕事に打ちこめば、出世して、10年以内には億万長者になることができただろう。

　だけど、結局それは、快適な日々のくり返しだ。変わらない空腹感。そして、新たに感じたのが「怒り」だ。

　20代、30代、ときには40代まで犠牲にしながらクソみたいな仕事をして、残りの人生を楽しむこと。それこそがよい人生だ——というルールに、僕は怒りをおぼえたんだ。

　僕は、1日のうちのベストな8時間を、自由にやりたいこともできず、室内でモニターを見つめて過ごすことに腹を立てていた。そして、自分が刻々と歳をとっていくことにも怒りをおぼえた。

　20か月間は、言いたいことをガマンするには長い時間だ。家

ニューヨークのVenmoのオフィスで。なんて顔をしてるんだ！

族。人びと。世界。僕は自分の大切なものについてみんなに知ってほしかったし、なにより、世界と未知のものごとについて学びたかった。そんな僕の言葉に耳を傾けてもらいたかった。数字の列をえんえんとスクロールして計算するような無意味なことがそれを妨げていたのだと思うと、激しい感情に襲われた。

　だけど、自分の人生に腹を立てていることはよいことだと思った。なぜなら、もっと愛すべき大切な何かがきっとどこかにあるということだからだ。たとえその「何か」がなんなのか、答えがまだ出ていなくたって。だから、Venmoを辞めて世界を旅し、大きく深呼吸して、その「大切な何か」を探しだして手に入れるというクレイジーな賭けに出てみれば、怒りは減るかもしれない。そう考えたんだ。

　僕は机をかたづけ、社員バッジを返して、ドアから外へ飛びだした。

● NAS DAILY がめざすもの

NAS DAILYのアイデアがいつ生まれたのか、はっきりとは覚えてない。それは、雲の切れ間から太陽が顔を出し、突然コンセプトが頭のなかに浮かんでくるような体験じゃなかったからだ。これまでの試みで得た知識や経験をつなぎあわせることで、少しずつ生まれてきたものだったのだと思う。

ルービック・キューブのプロジェクトでは、国から国へと飛びまわり、現地の文化と一瞬でつながり（少なくともそうしようとし）、そのすべてを動画で共有するという高速旅行の技術を身につけた。Downtimeアプリは、正確で面白いコンテンツを探して配信する方法を教えてくれた。ここで大事だったのは、60秒に凝縮されたコンテンツだったことだ。

ハーバード大学でビジネスを学んだ僕は、無限の想像力と、予算という冷たく厳しい現実とをいかに調和させるかを知っていた。

そして、イスラエルで育った僕は、もっとも価値のある教訓を得ていた。それは、ストーリーを語るときは、いかなるときでも、人について語らなければいけないということだ。

2016年4月に投稿したNAS DAILYの1発目の動画を見返すと、楽観主義と無邪気な熱意に複雑な気持ちになる。僕はカメラに向かってしゃべってた。

「なぜこんなことをしてるのか、さっぱりわからない。でも、楽しくなる予感がするんだ。旅の道具は、ドローン1台、重いカメラ1台、GoPro1台、Venmoのロゴ入りTシャツ、プロテイン・バー。1日1回、1分間の動画をつくる旅だ。よし、行くぞ〜！」

僕は、いくつかのルールをつくった。そのひとつが、60秒以内の動画をつくることだ。麦畑を横切る竜巻の映像でも、10分も見つづければ飽きてしまう。そこで僕は、ごくまれな例外をのぞいて、1分で言えないことはいっさい言わないというルールを自分に課した。動画の最後にかならず言う「これで1分、また明日！」という決まり文句も生まれた。

　同じくらい重要なルールが、1日1本の動画を投稿すること。よい製品をつくるにはこだわりと一貫性が必要だというだけじゃなく、そういう厳しいやり方を続けることで、作品がよりよいものになっていくことを知っていたからだ。

　僕のこの理論は、ある大学教授が生産性について教える授業での古いエピソードにもとづいている。教授はクラスを2つのグループに分け、Aグループには与えられた45分間にできるだけ多くの花瓶をつくるように言い、Bグループにはひとつだけ花瓶をつくるように言った。どちらのグループがよりよい花瓶をつくっただろうか？　もちろん、Aグループだ。なによりも、量が質を向上させる。

　だからこそ、毎日動画をつくらなければならなかった。カメラを手にする気が起きない日もあれば、まにあわせのクソ動画をつくってしまった日もあった。それでも、よりよい動画制作者、よりよいストーリー・テラーになるためには、24時間365日のスケジュールに忠実であることが唯一の方法だったのだ。

　番組名「NAS DAILY」は、中心となるコンセプトでもある。6年前、大学1年生のとき、ルームメイトが僕の本名を正しく発音することができなかったので、僕は「NAS（ナス）」というニックネームを与えられていた。「Nuseir（ヌサイア）？　覚えにくいなあ。これ

からおまえのことを NAS って呼ぶぜ！　ラッパーみたいでカッコいいだろ！」って。彼はもちろん、アラビア語で al-nas が「人びと」を意味することを知らなかったけど、このニックネームは定着した。

　この名前をシリーズに採用したのには、もっと深い意味があるんだ。僕は、視聴者に僕の目をとおして、自分自身、つまり自分の人間性やかれら自身の「人びと」を見てもらいたいと考えていた。たしかに、僕はこの壮大な旅行記のナレーターだから、当然、僕の動画には僕の興味、意見、好奇心、情熱が反映されざるをえない。だけど、毎日を大切にし、可能なかぎり最高の日々を送り、それをすべて Facebook で共有するという、このシリーズの指針に忠実であろうとするならば、カメラの向こう側にいる人たちが、自分も同じように最高の日々を送るにはどうすればいいだろうと考えるきっかけになるようにしなければいけなかった。

　これをうまくできるようになるには時間がかかった。最初は、場所に重点をおいた動画をつくっていた。だけど、動画に意義をもたせたいなら、ただたんにステキなビーチでコーヒーを飲んでいる映像を投稿するのじゃダメだ。それはただのVログであり、僕はVロガーじゃない。もっと個人的な方法で視聴者とつながらなければならないと思った。

　52日目に、それが少しできたような気がした。ネパールで7日間のヒマラヤ行から戻ったばかりだった僕は、カトマンズにたち寄って被災地のようすを撮影したんだ。そのわずか13か月前、2015年にネパール中部を襲ったマグニチュード7.8の大地震は、村々を丸ごと破壊し、約9000人が死亡、2万2000人

2016年、カトマンズのダルバール広場で撮影した大地震の爪痕

以上が負傷し、数十万人が家を失った。世界遺産に登録されているカトマンズのダルバール広場では、いくつかの寺院が倒壊するなど、悲惨な被害を受けた。僕はこの広場を歩きまわり、破壊された村のようすを撮影した。僕の言葉は最小限だったけど、壊滅的な状況をなによりも映像が雄弁に物語っていた。

　その日の夜、この記事をFacebookに投稿したところ、視聴者から最初のコメントがついた。どこの国の人だろう、ノッパコーン・ラジャさんという名前で、「とても心が痛みます。ネパールのみなさん、早く元気になってくださいね」と書かれていた。言葉によりそうように、小さな天使の絵文字が舞っていた。

　とくに鋭いコメントでもなければ、文字数が多いわけでもなかったけれど、この地球上のどこかで、僕が伝えたことに心を動かされた人がいることはすぐにわかった。彼は僕の投稿に共感した。何かを感じたんだ。感じたからこそ、苦しんでいる人

たちに自分の思いを伝えたくなったんだと思う。

　それは僕にとって、とても大きな意味をもつ経験だった。いつもそんな発信ができるようにって、めざすきっかけとなったんだ。

●ドローンという女王がいてくれてこそ

　NAS DAILYの物語を本のかたちで伝えることにひとつだけ抵抗があるとすれば、それは僕のもっとも身近な協力者であるドローンの絶妙な芸術性を、言葉だけでは表現できないということだ。

　僕のドローンは、6大陸50か国近くの空を飛び、イタリアのアマルフィ海岸のエレクトリックブルーの輝きや、シンガポールの摩天楼の威風堂々たる輝きなど、素晴らしい映像を映しだしてきた。

　だけど、NAS DAILYの旅では、許可のないドローン飛行を禁止する国が多かった。この旅をとおして、撮影のために法の網をかいくぐったことが何度かある。こっそり高速飛行をしたり、許可エリアを越えてドローンを操縦したり。でも、シリアの国境では、自分からドローンの使用を控えていた。僕はアウトローかもしれないが、バカじゃない。

　こんなにもトラブルの元になるし費用もかかるのに、なぜ僕は3年近くにおよぶこの旅にドローンを同行させたのか？　それは、上空から見た世界が、より意味のあるものだからだ。

　フィリピンのバリカサグ島は、地上から見ると、もちろんきれいだけどふつうの島だ。でも地上400mの高さから見ると、目をみはるような完璧な楕円形をしてる。

楕円形をしたフィリピンのパリカサグ島

クジラの尾っぽそっくりな
コスタリカのビーチ

ニュージーランドの
オークランドで出会った羊の群れ

バンコクの上空から見た経済格差

ギリシャのレスボス島に積み上げられたシリア難民の救命胴衣（中央にいるのが僕）

現在の広島市

コスタリカのビーチは、はじめはなんの変哲もないように見えたけど、ドローンで撮影してみると、クジラの尾っぽそっくりの形をしてた。

ニュージーランドの7400万頭の羊の群れは、羊が所狭しとひしめく映像で知られてる。でも、ドローンを使えば、神様が羊飼いであるかのように、群れ全体を眺めることができる。

だけど、いちばんの意義は、空からその姿を映しだすことによって、僕たちの人間性、ときには人間性のなかにあるものの姿を、まざまざと見せてくれることだ。バンコクの高級リゾート地から路地を隔てたスラム街を鳥瞰した映像は、所得格差の愚かさを浮き彫りにする。

1945年に広島に投下された原爆の被害の大きさを物語る、現代の広島の俯瞰写真。

戦争の恐怖から逃れて危険な海を渡り、ヨーロッパをめざしているシリア難民の数は、毎日とても多く、ギリシャの人里離れた山頂に積み上げられた数千個の救命胴衣を上から見ると、胸が張り裂けそうな思いになる。

僕の書くストーリーが王様だとしたら、ドローンによる映像は女王様なんだ。

● NAS DAILY を本にする──どうやって？

この本について、ちょっとだけ話そうか。

2018年1月に、NAS DAILYの書籍版をつくりたいと打診があったとき、僕の返事は短いものだった。「いいよ！　でもどうやって？」。NAS DAILYの世界はたくさんの60秒の動画で成っている。その魅力を表紙と裏表紙のあいだにはさみこむな

んて、とても不可能に思えた。

でも、NAS DAILYのコンセプトってそもそもなんだろう？
人が築いてきた文化、日々の営み、なによりも人間性を伝える
ことだ。僕はそれらを毎日フォロワーに届けてきたが、それが
できたのはカメラワークを駆使したからじゃない。人を見つめ、
ストーリーにのせて語ってきたからだ。それは本でも可能だ。

それが決まれば、あとはどうやって物語を紡いでいくかって
話だ。この作業は、ノートパソコンの前に座ってNAS DAILY
の動画をこしらえるのと同じ。ドキュメンタリーの旅行記にす
るのか？　ごくプライベートな日記風にするか？　ガイドブッ
クにするか？　さらには、どの冒険を伝えるかという問題もあ
った。NAS DAILYは1000日以上も旅をしているので、エピソ
ードを選ばなければならなかった。

結局、とりわけ波紋を呼んだり影響力があったりしたエピソ
ードを抜粋してまとめてみるというところに落ち着いた。太陽
が降りそそぐモルディブのビーチから月明かりが照らすパプア
ニューギニアの森まで、僕らはどこに行っても、新しい教訓や
思いがけない洞察という戦利品を持ち帰ってきていた。イスラ
エルの小さな村で、部屋にこもってネットサーフィンばかりし
ていたあのころから15年が過ぎたいまでも、僕は毎日、何か
新しいことを学びたいと思っている。NAS DAILYは僕にその
機会を与えてくれた。

また、NAS DAILYの300日目に企画したボーナス動画と同
じものを、この本のなかでも用意した。「スポットライト」と
名づけたコラムで、特筆すべき人物や場所を選りすぐって紹介
してる。また、カメラには映っていない経験や、しばらく考え

ていたことも、「NAS的思考」と名づけて伝えることにした。

　これから読んでもらう物語は、順序だてて論じるような構成でもなければ、厳密に時系列に並んでるわけでもない。そんなふうにしたら、楽しみがなくなってしまうからね。僕にとって旅とは、予定された目的地にただ向かうんじゃなく、何が起こるかわからないワクワク感をともなうものだ。「つぎはいったいどうなるんだろう？」っていう感覚を、この本でもぜひ味わってほしい。

　人生をより面白くする秘訣は、「このさきどうなるんだろう？」っていうワクワク感をつねにもちつづけることなんだ。いま、僕は飛行機のなかでこの文章を書きながら、モルディブからイスラエルに向かっている。数週間前にNAS DAILYの最後の動画を撮影したけど、今後のことでわかってるのは、どこに滞在するかってことだけだ。このさきどうなるかは、まったくの未知数。

　でも、これだけはわかってる。それは、僕がこれから知りあう友だちといっしょにいるだろうってことだ。これが、たぶんNAS DAILYが僕にくれた最大の贈り物だと思う。いまでは、どの街に行っても、新しい友だちが迎えてくれる。どこの街に行っても、故郷に帰ってきたような感覚で、世界のどこにいても自分の居場所があるように感じられる。これはとても素晴らしい喜びだ。

　たったひとりで、航空券1枚だけを握りしめて始まった僕の旅は、1200万人に祝福されながら幕を閉じた。これが僕の物語だ。

搭乗手続きに
かえて

　1000日のあいだに、このシリーズについてのちょっとした説明を求められることがよくあった。ここでは、とくに多かった質問を紹介することにする。飛行機に乗るまえにだって、搭乗手続きってのがあるよね。旅には手続きがつきものなんだ。

1●なぜ、YouTubeじゃなくFacebookに動画をアップするの？

　僕の活動に適したプラットフォームだからさ。ひとつには、Facebookは現実の人びとのコミュニティであり、YouTubeのようにその人の姿が見えないということがない。Facebookでは、リアル社会の友だちをつくり、地元の人と出会い、よりよい動画をつくり、仕事を得て、なんなら恋人だって見つけることができる。

　また、YouTubeにはメッセージ交換という概念がとぼしい。ほとんどがクリエイターからの一方通行、あったとしてもコンテンツに対する情報交換が中心で、ミートアップみたいな現実の出会いや交流に発展する機会は少ない。一方、Facebookではメッセージのやりとりが活発で、これによって人と人との交流が生まれている。新しい街に着いたときには、写真を撮って「いま着いたよ！　明日の正午にみんなで会おう！」と書く。つぎの日には100人もの人が集まってくれる。こういうのがたまらないのさ。

2●どうして、そんなに旅行する余裕があるの？

　最初のころは、貧乏旅行に徹していたからね。ニューヨークで2年間働いて貯めたお金はあったけど、基本的にはとてもケチな人間なので、そのケチさを旅にもいかした。1泊200ドルの高級ホテルじゃなく、1泊10ドルのホステルで十分。食事や服にもお金をかけず、物価の高いパリにも行かなかった。

　約1年後、フォロワーが100万人を超えたころから、プロモーションに熱心な航空会社やホテル、観光協会などからサンプル品をもらうようになり、そんなときはFacebookのコメント欄にタグ付けするようにした。でも、そのために企業案件のような動画をつくったことはない。僕にとってかけがえのないものは、いままでもこれからも、行きたい国を旅し、現地の人と出会い、友だちをつくる自由だ。これはお金じゃ買うことのできないものだ。

3●いつも着ているTシャツには、どんな意味があるの？

　200日目に、この節目を記念して、NAS DAILYの基本理念が書かれたTシャツを毎日着ることを誓った。この理念のポイントは、簡単な算数だ。僕は気づいたんだ。アメリカの男性の平均寿命が76.3歳であることを考えると、24歳（と8か月）の時点で、僕は32.4％の年齢になっているんだって。人生のほぼ3分の1を終えたというのは、僕にとってかなり厳しい現実だったけど、人生の尊さとその時間をどう使うかをつねに忘れないように、この数字を胸に刻むことにした。たとえ1％だって、重要じゃない時間なんてないんだ。

　Tシャツのデザインを考えてくれたのは、友だちのダニエ

人生で使った時間を表現した NAS DAILY の T シャツ

ル・プロスキーとキャンディス・ロガティ。ひと目で気に入ったよ。僕の頭のなかで渦巻いていた考えに本物のアーティストがかたちを与えてくれたことに、心が震えた。

4 ●なぜ、私の国に来てくれないの?

　もしきみがアラブ諸国にいるなら、それは僕が入国を許可されていないからだ。僕はアラブ人だけど、同時にイスラエル国籍をもつイスラエル国民であるがゆえに、アラブ世界の大部分（地球の10%）を訪れることを禁じられているんだ。政治ってやつは本当にばかげてる。

　ビザの手続きでも頭がへんになる。オーストラリアに入国するために、1年間で4回もビザの申請に挑戦した。また、クウェート航空でニューヨークからインドへのフライトを予約しようとしたときも、僕がイスラエル人だという理由で、クウェートに行くわけでもないのに、航空会社は搭乗を拒否した。僕はそのことで何週間も悩んだ。

　僕は、きみの国に行きたいと思ってる。でも、もし僕がそこに行かないとしたら、それはたぶん、僕の生まれた場所のせいだと思う。

5 ●これまでの旅のなかで、いちばん好きな国はどこだった?

　それは、その質問をされたタイミングによるかな。157日目なら、豊かな文化と驚くべき自然をもつエチオピア、680日目なら、緻密な建築やみごとな料理の盛りつけなど、見るものすべてが美しいモロッコ。だけど、本当の答えは、いちばんはないってこと。僕はパレスチナ人として生まれ、イスラエルで育

ったので、どの国とも強いつながりをもたずにやってきた。アメリカに移住したのは、地球上でもっとも優れた国だからじゃなく、ITっていう僕がやりたいことを実現するのに最適な国だったからだ。だから、僕はいつも、自分の国がいちばんだって思ってる人のことはちょっと警戒してしまう。そういった価値観が差別や戦争を引き起こすことは歴史が教えてくれるからね。だからこそ、NAS DAILYは、僕たちが生まれる何世紀もまえに王様や政治家が勝手に引いた地理的境界線じゃなく、人びとが育む文化をこそ大事にしてるんだ。

6 ● NAS DAILYを投稿しなかった日は、ある？

一度もないよ。午後になったことすらない。2年半もあれば、1日くらい病欠しても、週末に休んでも許されるだろうって思う。だけど、僕は約束を守った。インフルエンザにかかったときも、Wi-Fiのないアマゾンで寝ているときも、24時間態勢で移動中の飛行機乗り継ぎのあいまにも（よくあることだ）。僕はこの偉業を名誉の勲章と思ってるけど、「それはたんに不健康なだけ！」ってよく言われる。

7 ● 動画によく映っている、賢くて面白くて美しい女性はだれ？

よくぞ聞いてくれました。僕は最初、NAS DAILYを共同事業にするつもりはなかった。ずっとひとりで旅をするものだと思っていた。でも、僕の思いこみはまちがっていた。

58日目にエルサレムからの映像を公開したところ、すぐに「私もエルサレムが大好きです。いつかいっしょに探検しましょう！」っていうコメントがついた。その見知らぬ人の

Facebookのプロフィールをクリックしてみると、彼女は、その……とても魅力的だったんだ。いくつかのメッセージを交換し、僕は彼女からの友達リクエストに応じた。

　3日後、アラバでラマダンの断食明けを祝う僕たち家族の集まりに、彼女、アリン・タミルはオンラインで参加してくれた。それから、彼女は3本の動画に登場し、7週間後には、彼女のいとこたちといっしょにギリシャの島々をめぐる旅に参加した。それから、イタリア、トルコ、ヨルダン、アゾレス諸島、ポルトガル、ブラジル、マルタなど、世界各地でいっしょに撮影をおこなった。

　この本には、アリンについても多くのことが書かれている。僕は恋愛について書くのが苦手なので、こんなふうなかたちで僕の気持ちを伝えたいと思う。

第1章
世界は思ってたのと ぜんぜん違った

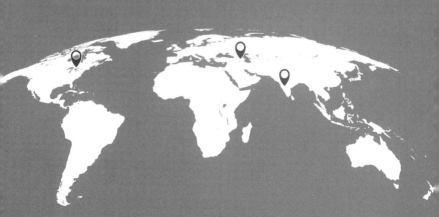

いかにインドが
僕の心を震わせたか

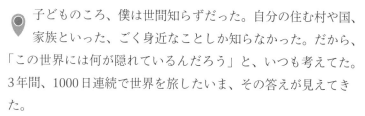

子どものころ、僕は世間知らずだった。自分の住む村や国、家族といった、ごく身近なことしか知らなかった。だから、「この世界には何が隠れているんだろう」と、いつも考えてた。3年間、1000日連続で世界を旅したいま、その答えが見えてきた。

世のなかには美しい山がたくさんある。きらびやかで壮大な都市がある。

何百万人もの面白くてフレンドリーな人びとがいる。

そして、衝撃的なほど多くの貧困がある。

「貧困」っていう言葉は、定義するのが難しい。僕たちの頭のなかには、汚い通り、荒れはてた家、物乞い……、といった貧困のイメージがある。でも、本当の意味での貧困って、なんだ

※僕は1000日間の旅をとおして、64の国を訪れた。章によっては、ひとつの国を何度も訪れたエピソードを記していたり、複数の国での旅の記録が混在していたりする場合があるけど、冒頭の日付については、その章でのメイントピックとなる国を訪れた最初の日、または何か具体的な動画を投稿した最初の日を指すこととする。

ろう。だれが貧しく、だれがそうじゃないんだろう。

　世界銀行によると、1日1.9ドル以下で生活している場合、定義上は「極貧」だそうだ。僕はこれを知って驚いた。1ドル90セントは、丸1日生活するには驚くほど少ない金額だ。だけど、世界の人口の10%は、それよりも少ない金額で生活しているんだ。30年前には36%だったから、進歩はしてる。だけど、まだまだだ。

　極貧の気持ちがわかるといえば、うそになる。僕にはできない。僕は先進国の中流階級の家庭で育った。さきほどの世界的な定義によれば、僕は昔もいまもお金持ちだ。そして、きみもお金持ちだ。この本を買ったということは、貧困ラインを超えて生活できるだけの可処分所得があるということだ。極端な貧困は、それを経験した人でなければ共感することはできない。

　そして、貧困は僕たちの想像をはるかに超えているため、僕たちはそれをステレオタイプ化する傾向がある。「貧乏人はなまけ者だ」「貧乏人は危険だ」「貧乏人はわれわれほど働かない」「貧乏人は進取の気性がない」——それじたいが人を傷つけたり真実とかけ離れていたりする、これらの固定観念は、なんの悪気もない人たちのなかにも根強く残っている。そしてそのせいで、ものごとを別の側面から見る、ただそれだけのために、僕たちは多大な努力を必要とする。

　話をインドに移そう。この土地で、僕は初めて貧困というものを目の当たりにした。それは掛け値なしの貧困だった。スラム街の貧困だ。場所が人を変える、というのはありきたりな言葉だけど、インドは僕を変えた。インドはすべての人を変えるのだ。

ひとつには、インドの歴史が古いことがあげられる。考古学者によると、インドで見つかったもっとも古いとされる人骨は3万年前のものだという。現在、13億人以上の人びとが329万㎢の土地に暮らしている。インドの人びとは、宗教や哲学から建築や文学に至るまで、文明史に永久に残る影響を刻みこんできた。

　現在の僕たちの生活には、そこかしこにインドが入りこんでいる。ヨガ教室にヘナ・タトゥー、シャツのボタンだってそうだ。じつは、ボタンが発明されたのは紀元前2000年のインダス川流域なんだ。どうだい、すごいだろ？

　だけど、2019年のいま、インドでは国民の21％が貧困ライン以下で暮らしている。スラム街は、小さな町から大都市まで、国土のあらゆる場所に存在している。ハリウッド映画のなかでしか見たことのないスラムは、多くの人と同じく、わざわざ訪れようとは思わない場所だった。だけど、行ってみなくちゃ、

古都アグラでは、世界遺産のタージ・マハルも訪れた

そこで何が起こっているか、けっしてわからない。

　NAS DAILYでは2回インドを訪れた。1回目は旅の19日目。空港を出て数分で目にしたのは、これまでに見たことのないような貧困だった。知識としては知っていたが、実際に見るのとじゃ大違いだ。たんにきれいな映像を撮って終わりじゃなく、この国を完全に理解することを決意した僕は、インドで初日の24時間、世界銀行の基準である1日1.9ドル（125ルピー）以内で過ごしてみる必要があると考えた。

　実際やってみると、めちゃくちゃ多くの厳しい決断を強いられた。朝食は食べない。移動は可能なかぎり徒歩。ペットボトルの水に20ルピーもかけられないから公共水道の蛇口を探す。バスに乗るのはかなり勇気がいる決断だ。食べ物を買うときはもっと。精神的にも疲れる。その日の夜は、教会の硬いタイルの床で寝た。動画のなかでは、冗談半分で「神よ、宗教を組織化してくれて感謝します」と言っておいた。

　首都ムンバイは、人口がもっとも多く、世界のトップ10に入る商業・金融の中心地だ。夕暮れのきらめく空の境界線から、街角の屋台では氷を削ってスイーツをつくっていたり、トウモロコシを焼いていたり、観光客が大好きなシャワルマ（ケバブ）のためにラム肉や鶏肉を切りわけていたりと、まさに魔法のような街に魅了された。

　そのあと僕はツアーバスに乗りこみ、混雑した道路をぬって、この繁栄する大都市の真ん中に位置するダラヴィ地区を訪れた。

　それはまるで別世界だった。100万人近くの人びとが、3㎢ほどのエリアに押しこめられている。散らかった道路、むき出し

インドの首都、ムンバイ

ムンバイの中心部に位置するダラヴィの街並み

の下水溝、老朽化した小さな家など、ダラヴィは一見すると貧困の象徴であり、実際、アジア最大のスラム街だ。この街の衛生問題については本で読んでいた。統計上、トイレは500人あたりにひとつしかなく、住民は多くの病気に悩まされており、その80%以上が水に起因する病気だってことも知っていた。

　僕の目の前に、まさにその極貧があった。もし僕が別の種類の動画投稿者だったら、ここが絶望の街だと証明できる十分な映像を手土産に、1時間かそこらで立ち去っていたかもしれない。だけど、僕はそうしなかった。僕はダラヴィの奥へと進み、ドアをノックし、人びとと触れあった。何時間もかけて僕が目にしたのは、僕の心を強く揺さぶるものだった。

　このスラムには、貧困と不幸の暗がりしかないと思われたけど、実際には年間10億ドルもの経済活動がある。1年でだよ！
　革製品、刺繍、陶器、プラスチックなどを製造する小さな工場では、労働者が24時間態勢で働いていて、「非公式経済」なんて呼ばれてる。

　たしかに路地は汚かったけど、家のなかは驚くほどきれいで、床を磨いたり窓を洗ったりしている人たちがいた。

　失業者たちもたくさんいた一方で、何千人もの老若男女さまざまな人びとが肩を並べて、力強く労働しているのを目の当たりにした。

「スラムとは」という僕の先入観は、つぎつぎと崩れていった。ダラヴィは、当初、警戒していたような暴力や犯罪の温床ではなかった。むしろ僕が見たのは、人びとがたがいに思いやりをもって暮らす小さな町の姿だった。危険だなんて感じたことは一度もなかった。

ここは、やる気のない、教育を受けていない人たちの街じゃなかった。出会った人びとはみんな、賢くて親切だった。実際、ダラヴィはインドでもっとも教育水準の高いスラム街という評判どおり、識字率は69%に達しているほどなのだ。

　ここでは、仕事に打ちこんでいない人を探すのに苦労したと言っても過言じゃなかった。狭いリサイクル工場に入ると、作業員たちが山のように積まれた空のプラスチック容器に向かって熱心に作業に取り組んでいた。陶器や革の工房のフロアを歩いてみると、そこで働く人たちはみんな、工場のライン作業員というよりはアーティストのように見えた。

　僕がもっていたスラムの概念は、1日でくつがえされてしまった。固定観念っていうのは、たいていそういうものだよね。だからこそ、どこへ行くにしても固定観念に挑戦することが大切なんだと思う。ガイドブックに載っているような場所や人びとを見にいくのは簡単だ。だけど、もしきみがそれを乗り越えることができれば、つまり、かれらの生活に入りこみ、その文化をありのまま体験するという本当の旅をすることができれば、それによって得られる驚きと対価は計り知れないものになるだろう。

　夕暮れどき、僕はリキシャに飛び乗ってダラヴィをあとにし、ホテルに向かった。遠ざかる喧騒を背中に感じながら、僕は今日1日の経験を思いかえし、ひとつの結論を得た。ダラヴィの貧しい人びとは、僕よりも一生懸命に働き、僕よりもクリエイティブで、進取の気性に富んでいる。経済的に豊かな先進国と変わらない労働倫理と粘り強い精神力をもっている。ただ、かれらは僕たちが「スラム」と呼ぶ場所に住んでいるだけなんだ。

世界でいちばん観られている旅

NASDAILY

ヌサイア・"NAS"・ヤシン 著

with **ブルース・クルーガー**　　　　**有北雅彦** 訳

電子書籍でしか読めないコラムを大幅追加＆
オールカラーの完全版、同時発売中！

価格：本体 **2000**円＋税

太郎次郎社
エディタス

追加収録コラム

[**スポットライト**] 香港●世界最高の地下鉄をめざして／エチオピア●ハイエナマン／モロッコ●青一色の街／セイシェル諸島●世界最大のナッツ／ザンジバル●空き瓶を狙ってる／エクアドル●牛乳パックで家を建てる／デンマーク●カヤックの王／ガラパゴス諸島●文句のつけようがない吸殻アート……など24本

[**NAS的思考**] 地図の隠された秘密／貧乏 VS 金持ち／僕がモノを買わない理由／数字の罠／中国の水責めとは？／カエルから学んだこと／プラスチックストローのジレンマ

電子書籍版は紀伊國屋書店kinoppy、honto、eBookJapan、楽天kobo、AppleBooks、DMMブックス、AmazonKindleなどの各電子書籍書店で販売しております（一部お取り扱いのない電子書籍書店もございます）。

本の通販ストア・hontoおよび丸善、ジュンク堂書店・文教堂ほか、hontoポイントサービス実施店にて紙書籍版『世界でいちばん観られている旅　NAS DAILY』を購入すると、

honto で電子書籍版が 50%OFF!

【利用条件】
●ご利用にはhontoへの会員登録が必要です。
●hontoポイントサービス実施店での会計時には、レジにてhontoカードをご提示ください。

実施店リストなど、くわしくはこちら
https://honto.jp/service/yomiwari50.html

僕は夢をみた

子どものころ、僕がなによりほしかったのは、アメリカン・ドリームだった。小さいころから、アメリカに移住することを切望していた。

だれにでもチャンスがある唯一の国。大成功を収めることができる唯一の国。そして唯一、移民を受け入れた国。だけど、この地球上で夢があるのはアメリカだけだ、なんて思っていた僕のなかのガキっぽい部分は、大まちがいだったんだ。

カナダの評判はとても素晴らしい。総面積約1000万km²のカナダは、ロシアについで世界で2番目に大きな国だ。また、最長の海岸線（20万km）、最長の二国間国境（米国との国境）、地球上でもっとも多くの湖（3km²超のものが3万1752湖）、そしてとても厳しい気候を誇る。1937年、サスカチュワン州のイエローグラスでは気温が45度まで上昇し、その10年後にはユーコンでマイナス62度まで下がった。なかなか過酷な環境だろ？

だけど、カナダのプロフィールにはあまり書かれていないのが、カナディアン・ドリームがあるってこと。

NAS DAILYの旅も終盤にさしかかり、僕はカナダを訪れた。

ドローンで撮影したたくさんの湖

　はじめは、ヨーロッパに飛ぶまえに数日だけ滞在するつもりだった。だけど、結局2週間ちかく滞在することになった。カナダがその豊かな歴史のなかで、僕が子どものころに夢みていた国を築いてきたことを知ったからだ。移民を愛する国、機会に恵まれた国、そしてコミュニティを大切にする国。

　2017年、カナダの新移民・難民・市民権担当大臣であるアーメッド・フッセンは、今後3年間で100万人近くの移民を受け入れることを誇らしげに発表した。それはカナダが世界の人びとに対して両手を広げているという姿勢を如実に示すものだった。

　ここからが本題。大臣のフッセン自身が移民なんだ。ソマリアのモガディシュで生まれ育った彼は、1980年代のソマリア内戦を経験したあと、家族とともにケニアの難民キャンプに移住した。17歳のとき、両親は彼を、兄弟がさきに移住していたトロントに送った。そして7年後、彼は政治と公共サービスの分

野で有名なキャリアをスタートさせ、最終的にはカナダ史上初のソマリア人大臣となった。フッセン大臣のこのエピソードだけからも、カナダがどれだけチャンスに開かれているか、十分にわかるよね。

　大臣との出会いは、ノバスコシア州ハリファックス市の政府機関でおこなわれた市民権取得の式典だった。外は曇り空で寒かったけど、会場内は人の温かさが伝わってくるようだった。インド、パキスタン、フィリピン、ソマリア、そしてアメリカと、世界中から集まった人びとが、故郷ではない国の一員となることをみずから選び、その権利を得たことに誇りをもってたんだ。

　この貴重な名誉が、難民出身の大臣によって与えられたという事実は、僕がこれまで見たなかでもっとも美しい、インクルージョン（包摂）とダイバーシティ（多様性）を体現した瞬間だった。会場の全員がカナダの国歌を歌ったとき、僕は目頭が熱くなった。その後、フッセン大臣はNAS DAILYのカメラに向かって、「多様性はカナダの強みであり、包摂はカナダの選択です」と語りかけた。

　トロントでは、テクノロジー関連の起業家から慈善家に転身したジム・エスティル氏にも会うことができた。彼は2015年、シリア内戦を逃れた87の家族に9万1000kmの距離を越えて救いの手を差しのべた。難民に対する民間スポンサーシップを認めるカナダの法律を利用し、たったひとりで300人以上のシリア難民をカナダに住まわせたのだ。
「これまでで、もっともやりがいのあることだ」とジムは語り、数百万ドルの自腹を切ったにもかかわらず、その決断はまちが

いではなかったとつけくわえた。「正しいことをすること。それがどれほど難しいことだっていうんだい」。

　ジムはその慈善活動によって、カナダ勲章を含む国家的な勲章を授与されたが、彼は「大金持ちでなくても同じことができる」と言う。4、5人の家族を1年間支援するには平均3万ドルかかるが、10人のグループでおこなえば、ひとり3000ドルで可能なんだ。当時のカナダは、難民の民間スポンサーシップを認めている世界3か国のうちのひとつだったが（ほかは英国とアルゼンチン）、この傾向は広がりはじめていた。

　ところで、ジムと僕とで意見がくい違ったことがひとつだけある。彼は自分のことを「凡人」と呼び、僕は彼を「スーパーマン」と呼んだ、ってこと。

　📍ジムとフッセン大臣に会って、カナダがとてもクールな場所だと確信したことに加えて、図書館でも、この国の魅力をぞんぶんに味わった。

　カナダの図書館が評価されているのは、そのみごとな建築物（ボザール様式のものから近代的なものまで）や素晴らしいコレクション（ケベック州立図書館・文書館には17世紀からの歴史的な文書が保管されている）だけじゃない。利用者の教育活動に熱心に取り組んでいるからだ。

　僕はトロント公共図書館で丸1日を過ごしたが、まったく帰りたいとは思わなかった。派手なショッピングモールと国際宇宙ステーションをかけあわせたような、目をみはる内装空間を通りすぎると、その施設の広さに驚かされた。はてしなく続くパソコンルーム、3Dプリンタ、会議室、人形劇の舞台、美術室、グリーンバック完備の映像制作スタジオ、そしてシャーロッ

トロント公共図書館にて

ク・ホームズの書斎の原寸大レプリカ（なんと、彼の本もちゃんとある！）。

　こんなの、ここの魅力の半分にも満たない。僕がたまげたのは、図書館が提供している体験学習コースだ。編み物、靴づくり、絵画、スピーチ、握り寿司などの講座があった。このような実践的なプログラムだけでなく、図書館を出てからのサポートも充実している。童話朗読電話サービスを利用すれば、なかなか寝ない子どもたちのために、読み聞かせをしてくれるんだ。16か国語に対応している。

　おっと、これらすべてが無料で利用できるんだって、もう言ったっけ？

　カナダでは、保育・幼児教育が重視されている。ケベック州の保育所にたち寄ったときに、それをまぢかで見ることができた。ケベック州では、0〜4歳児を対象とした昼間の保育を提供しており、その質はほかの州にとっての基準となる国内最高

水準のもの。にもかかわらず保育所には政府から補助金が出ていて、利用料は1日あたり7ドル30セントから20ドル程度と、アメリカのバカ高い保育料と比べると超格安だ。たんなる負担軽減にとどまらず、若い親が出産後に安心して仕事に復帰できるようにするとともに、定職にとどまることがなによりも大切な低所得者層への欠かせない支援となっている。

　政府が補助する保育所については、カナダを含むいろんな国でさまざまな議論がまきおこっている。賛成派も反対派もいるが、重要なのは、カナダが家族の生活をより楽に、より手ごろにするための大胆な一歩を踏みだし、健全な労働力の維持に貢献していることだ。

　カナダを離れるまえに、僕はもうひとつ、特別な場所にたち寄った。それはカナダ人の真の心を物語る場所だと思う。ニュースで読んだことはあったが、どうしても自分の目で見てみたかったんだ。それは、とても静かな空港だった。

　2001年9月11日、ニューヨーク、ワシントンDC、そしてペンシルベニア州の田舎で起きた同時多発テロに世界中が恐怖に包まれるなか、アメリカの空域はセキュリティ上の理由からただちに閉鎖された。その結果、飛行機はニューファンドランド州北東部の小さな町、ガンダーにある国際空港に誘導された。ガンダー国際空港が選ばれたのは、大型機の着陸が可能であることと、トロントやモントリオールのような大都市圏ではないため、追加攻撃のターゲットになる可能性が低かったからだ。

　ガンダー国際空港には、95か国からの6122人の乗客と473人のクルーを乗せた38機の旅客機が着陸した。この決定により、町では、疲れはてて混乱しているかれらのために食料、避

難所、安全を提供することになったんだ。

　人口約1万人の町とその周辺の漁村のあらゆる資源が、たちまち総動員された。家や教会、学校、公民館などを「飛行機族」のための宿舎にして、食料や衣類、トイレ用品、パソコンなどを提供した。病院やベーカリーのスタッフはシフトを増やし、地元のホッケーリンクは巨大なウォークイン冷蔵庫に早変わりした。

　ストライキ中だったスクールバスの運転手たちは、ピケラインを離れて「イエローリボン作戦」と名づけられた活動に参加した。

　飛行機に乗っていた17匹の犬と猫、そしてコロンバス動物園に運ばれる予定だった2匹のチンパンジーも、地域の民間団体に引きとられていった。

　飛行機に乗っていた人びとは4日後に家路についたが、かれらはみな、自分たちを世話してくれた町に感謝を惜しまなかっ

行き場を失った38機の旅客機を迎え入れたガンダー国際空港

た。乗客たちのなかには、恋に落ちて結婚した2人もいた。この町への移住を考えつつも、受け入れてもらえるか心配だったゲイカップルの不安も吹き飛んだ。この4日間で、ガンダーの町はかれらの人生を変えてしまったんだ。

　だけど、町の人たちはだれも、その親切心への対価としてのお金をいっさい受けとろうとはしなかった。ジム・エスティルのように、かれらはただ正しいことをしただけなんだ。

　同時多発テロからちょうど1年がたった同じ日に、カナダの首相ジャン・クレティエンは演説した。

「9月11日は恐怖と悲しみの日として長く記憶に残るだろう。だが、ここガンダーに足止めされた乗客たちのためにおこなわれた無数の親切と思いやりのおかげで、この日の記憶は永遠にこう上書きされたのだ。とても穏やかな癒しの日だったと」

　人びとから空港まで、政府から移民法まで、そして、図書館のなかまで、カナダはすべての人間を歓迎する場所であることが証明されている。この素晴らしい国での短い滞在は、僕に確信させたんだ。カナディアン・ドリームは、アメリカン・ドリームのすぐ隣にあるにちがいないってね。

地図で見つけられなかった国

アルメニア、828日目

　世界地図には195の独立国が記されている。だけど、ここで質問。その195か国のうち、実際に地図上で「ここがその国だ」って自信をもって言える国はいくつあるだろう？

　正直、僕はあまり多くはない。もちろんいくつかの国は言えるけど、それはだれでも知ってるような先進国か、僕の人生に深くかかわりのある国に限られる。アメリカはその筆頭だし（僕はそこに住んでいて、選挙の動向に僕の人生は大きく左右される）、イギリスはブレグジット（イギリスのEU離脱）に興味があるから、ドイツはサッカーが好きだから、そしてオーストラリアは……もし僕が地図を見てオーストラリアを見つけられないのであれば、この本を書く資格はないよね。そしてもちろん、中東なら、あっちの海からこっちの海まで、くまなく知りつくしている。

　じゃあ、そのほかの国は？　正直、ほとんど気にしたことがなかったんだ。2018年7月までは。

　そのとき僕は、自分のアンテナをすりぬけてきた国を訪れることにした。あまり聞いたことがなかった国。僕の友だちのだれも、その存在を知らなかった国。それがアルメニアだ。

アルメニアに向かう飛行機のなかで、僕はこの国の歴史についての研究に没頭した。古来、異民族の支配を受けてきたアルメニアは、12世紀にはモンゴル人に征服され、その300年後にはオスマン帝国の支配下でまっぷたつにされ、その後1世紀にわたり、対立する超大国によって領有権が争われた。近代になっても大国に支配されつづけ、1991年にソビエト連邦が解体されて、ようやく独立を果たしたんだって。こいつはなかなかハードだ。

　この国は、コーカサス地方の南部にひっそりと位置していて、トルコ、グルジア、アゼルバイジャン、イランに四方を囲まれている。雪を頂いた山々、急流の川、カラフルな都市の喧騒をもつこの国に、僕は12日間滞在したけど、地理的な特性よりもむしろ、この国の魅惑的な個性に興味をいだいた。アルメニアは、「僕たちはユニークだ！　僕たちには僕たちのやり方がある！」と叫んでいるような場所なんだ。

　首都エレバンに到着するとすぐに、大通りの側道にある公共の噴水——水飲み場が目に入った。高さ約1m、石造りで、かわいい注ぎ口がついている。それがなんだ？　べつにどこにでもあるじゃないかって？　だけど、ふと目をやると、その隣にも同じような噴水がある。その隣にも同じ噴水があり、さらにその先にも少しデザインの違う噴水がいくつかある。そして、つぎのブロックにはそれらの噴水が無数に群れをなしていた。通りにつぐ通り、ブロックにつぐブロックで、噴水がその蛇口を光らせていたんだ。な、なんだこりゃ?!

　そこで、いろいろ聞いてみたところ、1968年にエレバンのエレブニ要塞が2750歳を迎えたことを記念して、街に2750個の

首都エレバンの公共の噴水・プルプラク

飲み水用の噴水が贈られ、半世紀たったいまでも、のどが渇いて体をほてらせた通行人たちにいつでも水を提供していることがわかった。見てるととても面白くて、老いも若きも、地元の人も観光客も、噴水に近づき、立ちどまり、身をかがめ、水を飲み、移動するという、まるで振り付けでもされたかのような同じ動作をしている。そのシンプルさには、何か詩的なものを感じた。

　地元の人びとはこの噴水をプルプラク（アルメニア語で「水源」の意）と呼んでいる。リサイクルによって水のむだづかいを減らし、環境に悪いペットボトルを排除し、街の人びとと鳥たちに十分な水を供給する天才的なシステムだと思う。しかも無料だ。

　飲み水用としてだけじゃない。エレバンの中心部にある共和

国広場の周囲には、金色に輝く政府機関の建物や博物館などがあり、季節によっては毎晩、噴水ショーが楽しめる。共和国広場は、この素朴な国の人びとにとって、巨大な娯楽室のような憩いの場であり、毎晩のように集っては笑いあい、おしゃべりをしたり遊んだりしている。僕も何度も遊びにいった。

10日間あまりの滞在で僕が何度も感じたのは、アルメニアの文化は、せめぎあう隣国に対してポーズをとることよりも、国民の教育、福祉、幸福のために内政に目を向けることを重視しているということだった。

たとえば、アルメニアの小学校では数学や科学などと並んで、チェスが必修科目となっている。この国では中世初期からチェスがさかんで、ソビエト政権時代にはチェスが制度化されていた。近年、アルメニアはチェスへの取り組みを強化している。その理由は、多くの世界選手権を主催・開催していることと、自国で育ったグランドマスターの存在にある。レボン・アロニアンは、国じゅうの子どもたちにとってチェス界のマイケル・ジョーダンだ。

だけど、チェスは少年少女にとってたんなるゲームじゃない。大人になるための準備として、集中力や競争力、忍耐力や規律、認識力などを身につける手だてなんだ。僕は、子ども向けチェス教室で1日を過ごしたが、あんなに小さな人間がこれほどの頭脳を発揮するのを感じたことは、いままで一度もなかった。

どの国もそうであるように、アルメニアにも問題がないわけじゃない。この国に滞在して6日目。僕は兵士と専門家たちの集団に同行して、ナゴルノ・カラバフの山岳地帯に向かっていた。かれらは、アルメニア—アゼルバイジャン間の紛争により、

1990年代初頭にこの地域に残された何千もの不発弾を探し出して爆破させる作業を続けているのだ。僕たちが身につけていた防護服（瑠璃色の安全ベストと重いプラスチック製のフェイスシールド）は、爆発の危険性を考えると、わずかな慰めにしかならなかった。僕は、世界中でおこなわれている戦争による、表に出ることはない代償の数かず——破壊されたインフラや学校、不発弾——のことを、そして、平和が訪れても戦争が終わることはないということを改めて実感した。

アルメニアを飛びたったとき、僕はさまざまな感情に包まれていた。ひとつには、ほんの2週間まえには、この驚くべき独立国家について何も知らなかったことへの恥ずかしさだ。世界で初めてキリスト教を公認し、世界で初めて大聖堂を建設し（紀元303年、エチミアジン）、古代ローマよりもさらに古い地球最古の文明である国のひとつに、これほどまでに温かく迎え入れられたことに感謝した。

そして、なによりも希望を感じた。この国は、過去を堅く守りながらも未来に目を向けている。子どもたちは放課後に近代的な教育施設に通い、エンジニアリングやデザイン、音楽など、自分が選んだ道のスペシャリストになれるような教育を受けることができるんだ。すべてを無料で。

世界の科学と発明の最先端を行くテクノロジー企業に投資する国でもある。

オリンピックのメダルの数やGNP（国民総生産）のようなはかないものじゃなく、人びとの強さと耐久力に焦点をあて、超大国という言葉をひそかに再定義している場所だ。

そしてアルメニアは、僕がいままで見たなかで、もっとも愛

国心の強い国だ。アルメニアの大統領、その名もアルメン・サルキシャンは、僕たちNAS DAILYのチームをオフィスに迎え入れてくれたとき、大きなブランデー・グラスを手に、おたがいの幸運を祈って乾杯してくれた。

「アルメニアのブランデーで乾杯！」。彼は自分のグラスと僕たちのグラスをカチリとあわせて言った。「アルメニアのブランデーは世界一さ！」

スポットライト

メキシコ●人形の島

・・

　旅の532日目、僕はメキシコシティの南に位置する湖畔の町、ソチミルコで、入り組んだ運河のなかを漂っていた。僕の目の前に現れたのは、まわりを睡蓮(すいれん)におおわれた「人形の島」だった。僕はすぐにその場所をこうあだ名することになる――「メキシコでもっとも怖い場所」！

　この島をめぐる不気味な背景はこうだ。伝説によると、50年以上まえ、この島の管理人であるジュリアン・サンタナ・バレラが、水に浮かんでいる少女の死体を発見した。死体を運びだしたあと、少女の人形を見つけたジュリアンは、供養のしるしに、少女が亡くなった場所の木に人形をつるしたのだった。その後、ひとりで小屋にこもっていたジュリアンは、成仏しきれない少女のうめき声や足音を聞くようになる。そこで彼は、不幸な魂をなだめるために、周囲の木に人形をどんどんかけていった。島で見つけた何百もの壊れた人形や捨てられた人形で、手足や目や髪の毛がもげてるものが多かった。夜になると、人形たちがささやきあう声が聞こえ、動くのが見えるという。ジュリアンは2001年に亡くなったが、彼は少女が溺(おぼ)れたまさに同じ場所で発見された。

　この島を訪れるマニアのなかには、自分の人形を持ってきてつるす人もいる。ここで僕が撮った動画を見ると、映像が小刻みに震えているかもしれないな。だって……怖かったんだよ～！

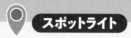
日本●しゃべる翻訳機をつくった男

　タクロー・ヨシダ（吉田卓郎）が最初のビジネスを立ち上げたのは、まだ10代のときだった。ドライフラワーにしたバラをゴールドにペイントして、オンラインで販売したんだ。豪華な花を大切な人にプレゼントしたい男性をターゲットに、「彼女へのプレゼント　高価」という検索ワードで引っかかるようにしてね。このビジネスでタクローは2000万円を稼ぎ、アメリカでの新生活をスタートさせた。そのアメリカでつぎのビジネスアイデアを思いついたのは、まったくの偶然だった。

　ある日、ファーストフード店のカウンターで飲み物を注文しようとした彼は、ウォーターという言葉をうまく発音できないのが急に恥ずかしくなった。だけど、多くの偉大な発明家たちと同様に、タクローはこの個人的な悩みに正面から向き合い、ごく個人的なトラブルを仕事上の成功に結びつけたのだ。家に帰って机に向かうと、彼は音声翻訳機「ili」（イリー）のスケッチを始めた。操作はとても簡単だ。母語で単語やフレーズを言うと、即座にステキな女性の声で翻訳してくれるのだ。日本語、中国語、スペイン語対応。素晴らしいのは、ネット接続不要なので、Wi-Fiがなくたって、どこででも使えるってこと。創意工夫は言語の壁を越えるのさ！

第2章

希望のための
奮闘記

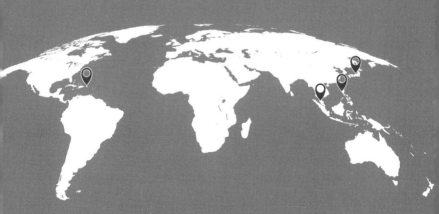

最大のサプライズ

フィリピン、272日目

正直に言うと、僕はNAS DAILYの旅に出るまえには、ほとんど興味のない国がいくつかあった。僕は世界のニュースを毎日むさぼり読んでいるが、さすがに好奇心にも限界がある。

フィリピンは、僕にとってまったく興味のない国だった。実際、2016年12月、現地へのフライトのわずか1か月前には、地図を見てもどこにあるかわからないほどだったんだ。

だけど、やはり僕はその国に呼ばれていたんだと思う。NAS DAILYが9か月目に入ったころ、受信箱にメッセージが届くようになった。「早くフィリピンに来て！」「信じられないようなところだよ！」「きっと気に入ると思うから！」

こんな調子の甘いお誘いが、ゆうに100件。ここまで言うなら、きっと何かはあるんだろう。僕はついに重い腰を上げて航空券を購入した。そして272日目、マニラのニノイ・アキノ国際空港に飛行機が着陸した。その瞬間から、僕はこの魔法のような南太平洋の国の魅力に、あっというまにハマってしまい、NAS DAILYで訪れた国のなかでの最長滞在記録、5週間と4日をうち立てたのだった。

7641もの島々（調査技術の進歩により今後も変動の可能性はある）からなるフィリピン共和国は、北は中国、南はインドネシアに挟まれた2400kmの海を領海としている。その広さゆえに、火山や熱帯雨林から手入れの行きとどいたビーチや村まで、さまざまな表情をもっている。セブ市の建物の虹色の屋根からボホール島のチョコレート・ヒルズの木に飛びつく猿まで、フィリピンのどこを向いても、思いがけないものに目を奪われる。

　だけど、真に僕の心を揺さぶったのは、フィリピン人が見せる底抜けの笑顔だった。フィリピン人の笑顔を見たことがない人には説明しづらいけど、優しさ、明るさ、誠実さが絶妙に溶けあっていて、こんな笑顔を僕はいままでに見たことがない。僕が飛行機から降りた数秒後、まず、空港の警備員が僕に笑いかけた。そして、SIMカードショップの店員も。ホテルのフロント・クラークも。Uberの運転手も笑いかけてくれた。

　ヨーロッパを離れたばかりの僕は、相手を自然と笑顔にするようなこういう笑顔に慣れておらず、「もう僕のことを好きになってくれたの？」と驚くばかりだった。だけど、どうやらそれが自分とは関係ないことに気づいた。フィリピンの人びとの性質なんだ。それを確かめるために、ちょっとした社会的な実験をおこなうことにした。

　滞在5日目、僕は視聴者に「マニラで丸1日、0ドルで過ごす」と宣言した。これは、僕がインドでおこなった1日1ドル90セントで過ごしてみる実験のバリエーションだった。インドでは貧困をあるがまま体験しようとしたのに対し、フィリピンでは見ず知らずの人の寛大さでどこまでやれるかを試してみたんだ。うまくいくかどうかは賭けだったけど、やれるだけ

さあ、1日0ドル生活のスタートだ

やってみることにした。僕は財布を部屋に置いて、お金を持たずに街に出た。

　それは簡単じゃなかった。午前中にはもうのどが渇いてきたから、飲み物を求めて歩道を歩きまわった。そのとき、オフィスビルの外でウォーターサーバー用の水のボトルをトラックから降ろしている制服姿の警備員を見つけた。僕は彼に近づき、ジェスチャーでボトルを示した。

「これは水ですか？」。僕は慎重に言葉を選んで尋ねた。「水をくれ」と言っていると思われたら実験がだいなしになると思ったからだ。警備員は僕を見て、自分と同じ中東人であることに気づき、さらには僕ののどが渇（かわ）いていることを察知したんだろう。

「ああ、水だよ」。彼はそう言って、積んでいたなかから小さめのボトルを手渡してくれた。

「ムスリムどうし遠慮すんな。のどが渇いている人がいたら、あげるほうがずっといい」

　僕は有頂天になった。いけるぞ！

　お腹がすいたときも同じことが起こった。街角で屋台を見つけて、店の人に「財布をなくしたんだけど」と伝えたんだ。彼は何も答えなかったので、僕はその場を立ち去った。そしたらなんと、隣にいた青年が僕を追いかけてきて、僕を屋台に連れ

もどし、1ドル30セント払って、麺を1皿買ってくれたんだ。彼は、それまで無職だったんだけど、その日の朝、1日8ドルの仕事を見つけたらしかった。

「この幸せをきみと分かちあいたいのさ」と彼は言った。僕は言葉を失った。カメラを止めたあと、お金はあとで返すと申し出たにもかかわらず、彼はお金を受けとらなかった。どうやら彼は本当に、幸せを分かちあうことだけが目的だったようだ。

　このようにして、1日中、つぎつぎと素晴らしい出会いがあった。だけど、日が暮れはじめて、僕は最大の難関がやってきたと感じた。ひと晩の宿を確保するのは至難の業だ。そこで僕は、道行く人に率直にお願いすることにした。

「財布をなくして、今夜寝る場所もないんだ！　本当に困ってるんだ！」。僕は、少々パニックになってるふうを演じてみせた。何人か（正確には7人）が僕の前を通り過ぎていったが、ようやくひとりの若い男性が僕の必死さに耳を貸してくれた。

「やあ、どうしたんだい？」。彼は尋ねた。

「話せば長くなるんだ」。僕は答えた。

　彼は一瞬考えたあと、快く僕を家に招いてくれた。僕は信じられなかった。彼はまず僕を屋台に連れていき、夕食をおごってくれたあと、自分の部屋に連れていってくれた。そして僕にベッドを提供し、自分は床に寝て、なんの見返りも求めなかった。彼は、僕の動画への出演もいやがった。かわりに、友人がやっている教育者支援の非営利団体を広報してほしいと頼まれたので、動画を投稿するときにリンクを貼って宣伝した。

　その夜、見知らぬ人のベッドで眠りについたとき、僕はその日1日で経験した親切と謙虚さを思い出して涙が出てきた。世

の中にはまだまだよいことがあるのだと確信し、同時に自分の内面を見つめなおすことにもなった。自分にはそのような「与える心」がない（少なくとも不足している）ことを正直に認めなければならなかった。僕の知り合いの多くと同様に、僕も1日8ドル以上稼いでいる。だけど、「幸せを分かちあう」ためにだれかを追いかけたことがあるだろうか？　一度もない。

　この日の実験から多くのことを学んだ。ふだん見過ごしがちな他人の人間性を見きわめる方法を学んだだけでなく、自分の生活のなかで同じような思いやりを育む方法にも思いをめぐらせた。謙虚な気持ちになれる経験だった。

　だがじつは、多くのフィリピン人にとって、このような行動はそれほど簡単なことじゃない。そういう気持ちをもっていない、ということじゃなくて、人を助けるにはお金がかかるからだ。この国の貧困率は約20％を前後している。これが、僕がこの国に長く滞在した理由のひとつだ。僕ははじめ、美しい島々や南国の気候や安い物価を楽しむために、この国を訪れたつもりだった。だけど、この国の貧困を目の当たりにして、現実を痛感した。それで僕は旅を延長することにしたのだ。

　決定的な転機は、スモーキー・マウンテンを訪れたことだ。

　スモーキー・マウンテンは、マニラ北西部のトンドという人口密度の高い海岸地区にあり、ビン、タイヤ、プラスチック、木材、金属など、200万トン以上の都市廃棄物が捨てられている巨大なゴミの投棄場だ。ゴミ山の高さは16階建てほどにもなる。汚染された埋立地の周囲5㎞に住んでいた人びとは、一時は2万5000人以上にのぼったそうだ。スモーキー・マウンテンの名は、ゴミ山のタイヤがつねに自然発火してくすぶってい

スモーキー・マウンテンを埋めつくすゴミ

たことに由来しており、地球上でもっとも貧しく絶望的なスラムのひとつといわれる。

　早朝、マニラ市内から何千kgものゴミを積んだダンプカーが村に入ってくる。ダンプが停車するまえに、住民たちは荷台に乗りこみ、水の入ったペットボトルやタイヤの鉄部分、古着などを発掘してはリサイクル業者に売る。かれらの平均収入は1日2ドルだ。性別なんて関係なく、小さな子どもも同じようにこのゴミ山に依存して生きのびている。

　2014年にスモーキー・マウンテンを訪れたトラベルライターのサブリナ・イオヴィーノは（なんと、この場所を見学するツアーがあるんだ！）、こんなふうに述べている。

「私が本当に驚いたのは、お年寄りをほとんど見かけなかったことです。理由は明白。スモーキー・マウンテンの平均寿命は40歳から45歳。その年齢になると肉体的にはもう限界だし、病気で亡くなる人も多いんです」

だけど、スモーキー・マウンテンで出会った人びとは、いまの状況に満足しているようで、僕を歓迎してくれた。

　政府の施策にもかかわらず、この国の経済格差は解消に向かっているとはいえない。1990年代、国家住宅局は、スモーキー・マウンテンを閉鎖し、その跡地に低価格公共住宅を建設し、国内に2000万人はいるスラム居住者に再定住地を提供するプロジェクトを開始した。でも、僕はこの目であのゴミ山の子どもたちを見た。何かがうまくいっていないんだ。

　僕はフィリピンに数週間滞在し、異常なほどの交通渋滞や、第二次世界大戦でアメリカといっしょに戦ったフィリピン人や、この地に残された豊かなスペインの遺産などについての、いくつかの魅力的な動画をつくったりしたが、僕のなかで何かが変わっていた。はっきりとは言えないが、そう感じたんだ。

　それでも、310日目にフィリピンを出発したとき、僕は不思議と気持ちが高揚していた。スモーキー・マウンテンなどで目の当たりにした大きな課題にもかかわらず、この国の将来を楽観視していたんだ。善良で心優しい人びとが人口の大半を占めている国。そんな国には、かならずよいことが起こる。

　フィリピンに到着した初日、僕はフィリピンの人気観光スローガンが "It's More Fun in the Philippines!"（フィリピンには楽しみがいっぱい！）であることを知った。たしかにその通りだ。だけど、それから5週間と4日がたったいま、僕の頭のなかには、そのスローガンに少し手を加えたものが流れてる。"There's More Love in the Philippines!"（フィリピンには愛があふれてる！）だ。

アメリカの
パスポートの実力は?

プエルトリコ、704日目

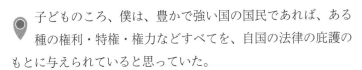

　子どものころ、僕は、豊かで強い国の国民であれば、ある種の権利・特権・権力などすべてを、自国の法律の庇護のもとに与えられていると思っていた。

　たとえば、きみがスイス国民で、エベレスト山頂にとり残され、緊急避難の必要があるとしよう。スイスとネパールの政府、領事館、大使館は、きみを救助するために、あらゆる努力をいとわないだろう。遠く離れた場所にいても、国民としての権利やパスポートの保護を受けることができるんだ。

　同じように、世界最強の国であるアメリカ政府も、国民がどこにいようと、どんな危機に直面していようと、同じように助けてくれる——と、僕は100％確信していた。プエルトリコを訪れるまでは。

　2017年9月20日水曜日、朝6時15分、ハリケーン・マリアがプエルトリコの大地を襲った。時速100km以上、最大風速は時速280kmという猛威をふるった。マリアはカテゴリー4のハリケーンとしてヤブコアに上陸した。ヤブコアは南東部の海岸にある215㎢のささやかな谷間の町で、バナナ農園と住民の勤

ハリケーン・マリアは木をなぎ倒し、家屋を破壊した

勉さで知られており、この地域の住民たちは、サトウキビ生産の長い歴史から「シュガー・ピープル」なんて呼ばれている。

島の中央をまっすぐに貫くように進んだハリケーン・マリアは、8時間後にはプエルトリコ北西部の海岸線に達し、プエルトリコ史上最悪の自然災害となった。一般住民や企業に900億ドルの損害を与え、最終的に失われた人命は約3000人ともそれ以上ともいわれる。

嵐の被害以上に深刻だったのは、直後に襲った人道的被害だ。猛烈な洪水、遅々として進まない救援活動、致命的な生活用水の不足、通信手段の崩壊（助けを呼ぶこともできない！）、そしてアメリカ史上最悪の電力供給不足などだ。

その間、苦しんでいるプエルトリコの人びとは、援助を求めつづけていた。島の住民が「僕たちもアメリカ人だ！　なぜ助けてくれないんだ？」といっせいに叫ぶのが聞こえるかのようだった。

そんな背景があって、僕はプエルトリコを訪れることにした。ハリケーンが発生してから6か月が経過していたが、市民は依然として危機にさらされていた。15万人以上が電気のない生活を続け、20万件の保険金請求がまだ解決していない。

　でも、僕はつとめて明るくふるまうことにした。

「これでプエルトリコ島での最初の1日が終わった！」。704日目の動画の冒頭、僕ははしゃいだ感じで切りだした。「午前4時にこの島に着いたとき、疲れはててた僕らを、音楽が癒してくれた。泊まったホテルは宮殿みたいだったし、食事も芸術的だった。ドローンを上空に飛ばしてみると、すごいんだ。まるで島全体がみごとな絵画みたいなんだよ」。

　おおげさなせりふだけじゃなく、さらに映像でその意図を強調した。空から見たサンファン港にそびえる城塞エル・モロ、アリンと僕が宿泊した豪華なホテルのスイートルームに、ブランチに食べたカラフルなフルーツやパンケーキのクローズアップ、そしてもちろん、空港やビーチや街角でカリプソのリズムに合わせて踊る楽しそうな僕たち。また、プエルトリコの国旗をあしらったつば広のサファリハットをかぶっても見せた。

　NAS DAILYのこのときの動画を見てくれたみんなは、「こいつら、半年間、ニュースを見ていなかったんじゃないか？」とか、「苦しんでいる被災地を絵葉書みたいに描いて、どうしようもなく無神経な連中だ！」とか思ったかもしれない。でも、どちらも事実じゃない。そのとき僕がプエルトリコにいた理由は、ハリケーン・マリアのような致命的な嵐でさえ、文化を殺すことはできないということを主張するためだった。動画で僕は続けた。

「プエルトリコはカリブ海に浮かぶ島であり、アメリカ合衆国の自治領でもある。ただし、ここの人びとには選挙権がなく、州とはみなされていない。半年前、プエルトリコの人びとは観測史上最悪の自然災害に見舞われ、多くの人が亡くなり、家も破壊された。だけど、かれらの精神は変わらない。プエルトリコは前進している。プエルトリコに来て、かれらに愛を与えてほしい。一つひとつはほんのわずかでも、それが大きな助けを生むんだ！」

それは、僕が島に向かう飛行機のなかで決めたことだった。大惨事について多くの本を読み、救援活動をめぐる争いを追い、助けを求める苦しい叫びを聞いてきた。

僕はそれからの6日間、不滅なるこの美しい島と、驚嘆すべき人びとの意志を紹介することで、僕なりの救いを提供しようとした。

僕は、レストランのオーナーであるエレインにインタビューした。彼女は、史上最悪の嵐にあっても、ビジネスを存続させることに必死だった。チョコレートを使った料理が得意で、スペイン人シェフの協力を得て、サーモンのチョコレート入りタルタル、チョコレート入りキヌア、チョコレートでマリネしたチキンとフライドポテトなど、40種類以上のチョコレート料理をメニューにのせていた。昔、プエルトリコの貧しい人たちは、チョコレートを主食にしていたと彼女は語っていた。

83歳の未亡人ジャンにも出会えた。彼女はピアニストであり、画家であり、彫刻家であり、騎手であり、観光業が大打撃を受けたこの島でホテルを経営してもいたが、なにより熱心に婚活をしていた。運命の相手をかならず探しだすんだという彼女は、

どんなハリケーンよりも強い恋の嵐に吹かれていた。

　僕はプエルトリコの知事といっしょにカメラに収まり、プエルトリコでは、国外にサービスを提供する企業は4％しか課税されないこと、それが、この島への移住を検討している企業経営者や人びとにとっていかに魅力的であるかを話した。僕は税金の専門家でも経済学者でもないけど、プエルトリコはいつでも熱意ある移住者を求めており、減税措置はそこに住むための適切なインセンティブのひとつだと説明した。

　一方で僕は、島と人びとの忍耐力をたたえながらも、ハリケーンの爪痕をカメラのフレーム内に収めることにつねに注意を払っていた。

　僕は被害を受けた山間部のコミュニティを訪問したのだが、かれらはいまだに、電気も屋根も携帯電話も、きれいな水もない生活を強いられていた。僕はかれらと、この皮肉な状況について話した。かれらがもっているアメリカの市民権は、世界がうらやむ、自由とアメリカンドリームを保証するものだ。それなのに、嵐が発生してから半年も経っているのに、車のバッテリーや安い浄水器、クーラーボックスを使わねばならず、急速に減っていく忍耐力のなかでの生活を強いられているのはどういうわけだ？　当然の疑問が僕らの口をついた。

「これは保守対リベラルの問題じゃない」。僕はNAS DAILYのフォロワーに言った。「共和党対民主党の問題じゃない。これはアメリカの問題なんだ。国の強さが、その国のもっとも弱い人びとのレベルで決まるんだとしたら、アメリカの市民権はいったいどのくらい強いといえるだろう？」

　そのコミュニティを訪れたとき、僕と2人の仲間（エーゴンと

山間部の被災地で。滞在中、被害のようすを記録しつづけた

カラム）は、勇敢なプエルトリコ人たちが耐えなければならない状況を直接体験することにした。僕たちは丸1日、電気も水もインターネットもない生活を送った。

　電話やネットを使うためには、山の頂上に登って電波を確保しなければならない。飲み物を飲むためには、川から水をくみ、ゆっくりと濾過し、大切に保存しなければいけない。夜になれば、車のバッテリーかやかましい発電機、ロウソクの光に頼らなければならない。1日が終わるころには、僕たち3人とも、ストレスがたまりまくっていた。半年間もこんな生活を強いられている人がいるということじたいがおかしい。

　僕たちの日常では、ささいな問題が世界の終わりみたいな大問題だ。ネットにちょっとつながらなかったり、お気に入りのレストランが閉店したり、タクシーがぜんぜんつかまらなかったり……。僕たちは、いつもそういうことについての文句ばか

り言って過ごしてるよね（とくに僕はそうだ！）。

だけど、プエルトリコの密林のなかにあるこの被災地では、心が折れるような逆境に直面してもへこたれない人びとの姿があった。かれらのコミュニティは強く、窮状にけっして負けなかった。自然への感謝を深め、おたがいへの感謝を深めていた。大音量の発電機のすぐ隣で、家族が幸せそうに食事をし、あたりが漆黒の闇でも、ロウソクの柔らかい光のなかで絆を深めていた。

こういった窮状は、ハリケーン後のプエルトリコにかぎったことじゃない。世界のたくさんの地域は、欧米の人びとが想像もできないような状況におかれている。食糧、医療、教育、安全などを与えられずに不自由な生活を強いられている。それらは、まさに僕たちが当たり前のように享受しているものなんだ。

カリブ海での7日間、プエルトリコの人びとは、どんな強風でも消せないロウソクの灯りがあることを、僕らに示してくれた。そして、なるべく避けようとしてきた当初からのこの問いの答えを、僕は見直さざるをえなかった。国の強さが、その国のもっとも弱い人びとのレベルで決まるんだとしたら、アメリカの市民権はいったい、どのくらい強いといえるんだろう？

空港の囚人

マレーシアから300㎞、877日目

きっかけは1通のメールだった。

「この人の動画を撮ってください」

貼られていたリンクをクリックすると、37歳の男性のInstagramのプロフィールが表示された。そして、彼のインスタの記事を読み進めていくうちに、僕のなかに鳴り響く警鐘音は大きくなる一方だった。この男性はマレーシアの空港ターミナルの床に寝る暮らしをしていて、脱出する手段がないとのこと。なんと6か月間、空港での生活を余儀なくされていた。名前はハッサン・アル・コンタール。

ハッサンは、シリアの首都ダマスカスの南100㎞ほどに位置するドゥルーズ派の都市、スワイダー出身だ。2006年にアラブ首長国連邦に移住したが、これは戦争のたえない祖国での兵役を避けるためだった。アラブ首長国連邦では、保険の販売部長の職につき、いいマンションでいい生活を送っていたが、2011年にシリアで内戦が勃発し、故郷から徴兵の命がくだった。だが、彼は行かなかった。

「自分の仲間や罪のない人を殺したくなかったんだ」。あとに

なって、彼は僕に語ってくれた。「僕は戦争に参加することが正しいとは思わない。それは僕が臆病者だからでも、戦い方を知らないからでもない。戦争に正義を見出せないからだ」。

　ハッサンは平和主義をつらぬいていたが（「生きるとは、確固たる信念体系をもつことなのさ」と彼は説明した）、それがトラブルのはじまりだった。同年、彼のパスポートは失効し、労働許可証も失効してしまった。アラブ首長国連邦のシリア大使館で更新手続きをしようとしたが、従軍を拒否したことに腹を立てたためか、大使館は申請を却下した。それから6年間、ハッサンは、パスポートも仕事も、国もない男として潜伏生活を送った。アラブ首長国連邦の政府当局は2017年にハッサンを捕らえ、マレーシアの難民収容所に国外追放した。
「僕のようなシリア人にアライバル・ビザを提供してくれる、世界でも数少ない国のひとつさ」。彼はそこで3か月の観光ビザを与えられ、自由に行動できるようになった。

　彼はお金を貯めてトルコ航空でエクアドル行きの航空券を購入したが、なんの説明もなく、航空会社は彼の搭乗を拒否し、航空券の代金も返金しなかった。その時点で、彼はマレーシア当局からオーバーステイによる罰金を科せられており、「不法滞在」とみなされていた。そこで、今度はカンボジアへの脱出を試み、成功したのだが、到着時に入国を拒否され、パスポートを没収され、マレーシアのクアラルンプール空港に戻されてしまったのだ。それが2018年3月7日のこと。

　そういうわけで彼は身動きがとれなくなっていた。パスポートがないので、マレーシアを出国することができない。観光ビザの期限が切れているので、マレーシアに入国すること

もできない。もし、空港を出ようとすれば、逮捕され、シリアに送り返されて、刑務所に放りこまれるにちがいない。

半年以上のあいだ、ハッサンはクアラルンプール国際空港で囚人として生活した。エスカレーターの下に敷いたマットの上で寝起きし、食べるものは機内食のあまり、おもにナゾの肉と米で、それは彼の境遇に同情した空港職員が、こっそり与えてくれるものだった。ターミナルから出ることも、新鮮な空気を吸うことも、温かいシャワーを浴びることもできず、トイレの冷たい水で顔を洗うだけという生活を強いられた。

死ぬほどの退屈さに耐えられなくなった彼は、ガーデニングと称して空港内の鉢植えを手入れしたり、かぎ針編みを始めたり、ムービングウォークをルームランナーと呼んでえんえんと周回したりしていた。また、友だちがマレーシアのお祭りで買ったという赤い犬のぬいぐるみをペットとしてもらい、「ミス・クリムゾン」と名づけてターミナル内を散歩させていた。「あの空港での生活は、来る日も来る日も、アイス・バケツ・チャレンジをしているようなものだったよ」。のちに彼は僕に話してくれた。

さいわいなことに、ハッサンはそのユーモアのセンスで、ソーシャルメディア、とくにTwitterでフォロワーを獲得し、地獄の日々の記録を定期的に動画日記として投稿していた。「寒くなってきたから、冬支度しなくちゃ！」と、青いマフラーを編んでいる写真をアップしたり、NASAの火星探査機に乗ることを公に志願し、「どこの国も僕を受け入れてくれないので、この地球上に僕の居場所がないことはもうはっきりしている」とツイートしたりした。

だけど、ハッサンは孤独に耐えられなくなっていた。兄の結婚式や父の葬式にも参加できず、そのことが彼をどうしようもなく苦しめていた。

ある朝、彼は、死刑囚を描いた映画『グリーンマイル』の一節を引用し、「雨のなか、1羽で飛ぶツバメのように孤独だ」とツイートした。「そばにいてくれる友だちはいない。故郷と呼べる国もない。人と人は憎しみあい、苦しみは蔓延している。もう疲れたよ。世界はこのことをわかってくれるかな？」

ハッサンの必死の投稿は、メディアの注目を集めた。オーストラリア、タヒチ、モルディブ、マイアミなど、世界中の女性から結婚の申しこみが殺到したが、ハッサンは「国籍目当ての偽装結婚は違法だから」と言って、すべて丁重に断った。同じころ、カナダのバンクーバーでは有志が集まってクラウド・ファンディングを始め、カナダ独自の「民間難民受け入れ（プライベート・スポンサーシップ）」制度において、民間スポンサーが難民ひとりを受け入れるのに必要な1万2600ドルを集めた。かれらは何万人もの署名を集め、ハッサンを正当な難民として受け入れるよう、カナダの移民大臣に嘆願した。

いいニュースと悪いニュースがある。いいニュースは、カナダへの申請手続きの第一段階が承認されたことだ。カナダに行けば、ハッサンは新しい家、新しい仕事、そして新しい未来を手に入れることができる。じゃあ、悪いニュースは？　それは、第二段階の申請が承認されるまでには26か月もの期間が必要だということだった。ハッサンは、あと26か月間、空港で過ごさなくちゃならない。

僕という登場人物がこの物語に現れるのは、そんな渦中のことだった。2018年9月、NAS DAILYのフォロワーから、ハッサンの窮状を知らせるメッセージが届くようになった。そのうちのひとつがこう叫んだ。

「彼の動画をつくって！　マレーシアの空港に閉じこめられて、出られないんだ！」

　当時、僕は飛行機で60分ほどの距離にあるシンガポールにいた。

　ハッサンのことを知れば知るほど、僕には共感することばかりだった。彼はアラブ人で、ユーモアがあり、戦争に反対し、自分の信念をつらぬいていた。そんな彼が、空港に閉じこめられている。僕は空港ってやつが大嫌いだ。

　僕は彼に連絡をとることにした。Instagramで彼を見つけた僕は、すぐにメッセージを送った。

「やあ、ハッサン。NAS DAILYのナスです。きみの話を聞いたんだ。それで、きみについての動画を撮ろうと思うんだけど、興味がある？」

　ハッサンはすぐにイエスの返事をくれた。僕たちは電話で連絡をとりあい、計画を立てた。僕のイスラエルのパスポートではマレーシアに入れないので、かわりに、ポーランドのパスポートで入国できる仲間のエーゴンを送りこむことにした。撮影期間は1日、複雑な話なので少なくとも数時間は必要だと伝えた。ハッサンはその条件に同意してくれ、エーゴンは飛行機に飛び乗った。

　クアラルンプール国際空港に到着したエーゴンは、そのまま第2ターミナルに向かい、待っていたハッサンと落ちあった。

NAS DAILY のカメラがとらえたハッサン・アル・コンタール

予定どおり、ハッサンはエーゴンに「空港刑務所」を案内しながら、自分の話をしてくれた。彼はSNSで見る人柄そのままに、率直で面白く、とてもカメラ映えする男だった。あっというまに3時間が過ぎた。エーゴンは飛行機でシンガポールにとんぼ返りし、僕と合流。すぐにハッサンに遠隔でインタビューをおこない、台本を書いて、ナレーションを撮影し、それをエーゴンの映像に挿入した。

　僕は動画をこんなふうに締めくくった。

「ハッサンにできるのは、26か月後のその時が来るのを待つことだけだ。僕たちにできるのは、彼の存在を全世界に知らしめることだ。彼はクアラルンプール国際空港の第2ターミナルのエスカレーターの裏で、ベッドもシャワーも自由も未来もない生活をしている。みんなと同じように、自分が納得できない戦争に参加することを拒否した、ただそれだけのために。いまこそ彼に注目しなくちゃいけない！」

その日の夜に動画をFacebookで公開したところ、当然だけどバズりまくり、わずか数日で1800万回再生を記録した。ハッサンのエピソードは、それだけ心に迫るものだった。

　それから数日間、僕たちはハッサンのツイートをフォローしたり、難民受け入れ申請の経緯を追ったりして、できるかぎり連絡をとろうとした。だけど、突然、ハッサンのSNSへの投稿がとだえてしまったのだ。気のきいたツイートもない。面白い写真もない。救いを求める声もない。ただ、沈黙したんだ。

　カナダの支援グループは、彼がシリアに強制送還され、牢屋に入れられているのじゃないかと心配した。かれらは必死になってカナダの難民局に送還の状況を問い合わせ、返答を急がせた。一方、国連難民局はマレーシアと協力して、「状況を把握するための活動」を始めた。

　僕たちNAS DAILYは、ハッサンが強制送還やもっとひどい目にあっていたとすれば、それは僕たちが彼を国際的に露出させたせいだと考え、身ぶるいした。1800万の再生回数はけっして小さなものじゃない。

　1か月が過ぎ、2か月目に入った。ハッサンからの連絡はまだない。マレーシアのローカルニュースは、ハッサンがシリアに送還されるだろうと報じていた。最悪だった。僕はだれも傷つけるつもりはなかった。僕は、世間がもっと彼に関心をもってくれるように動画をつくっただけだ。だけど、なぜかマレーシア当局は、この動画がマレーシアの顔に泥を塗ったととらえ、その結果、ハッサンをきっぱりと排除することにしたのだ。

　だけど、クアラルンプール国際空港での試練が始まってから

264日後、2018年11月26日の月曜日、ハッサンは自身のTwitterに、新しい動画を投稿した。

「おまえ、石器時代の人間かよって言いたいんだろ」。彼は、長く伸びたヒゲを軽くかきながらしゃべっていた。「それに関しては、不徳の致すところだ。あと、この2か月間、音信不通だったこともあやまらなくちゃいけないな。でも、僕がいままで、どこで何をやってたのかはさして重要じゃない。大事なのは現在と未来だ。いま、僕は台湾にいる。そして明日には、最終目的地であるカナダのバンクーバーに到着する」。

ハッサンは続けた。

「この8年間は長く厳しい旅だった。この10か月間も寒くてつらかった。みんなからの応援と祈り、そしてもともとの家族と新しいカナダの家族、弁護士の助けがなければ、成しとげられなかった。みんな、本当にありがとう。愛してるよ」

それから数日後、ハッサンは2か月間の失踪の理由を明かすことになる。

NAS DAILYに出演してまもなく、マレーシア当局は彼を、搭乗券を持たずに空港の制限区域にいたとの容疑で逮捕した。彼は拘置所に送られ、そこで外部との連絡をとることができなくなった。勾留中、マレーシア政府は、シリアに強制送還するとくり返しおどしたようだ。彼の身の危険を察知したカナダは、26か月かかる亡命手続きを迅速に進め、11月末までに入国できるようにした。国際法では、亡命申請中の人は強制送還されないことになっている。マレーシアには選択の余地がなかった。当局は彼をひき渡さなければならなくなったんだ。

11月26日、ハッサンはクアラルンプールの空港に戻され、

飛行機に乗った。カナダに到着したハッサンは、Tシャツにジーンズ、ビーチサンダルといういでたちで、疲れながらも晴れ晴れとした笑顔を見せていた。喜びに沸くカナダの支援グループや報道関係者が彼を出迎えた。カナダ放送協会の記者が、ハッサンにマイクを向けた。

「安全な土地に着いた感想は？」

「人生には、夢以上に素晴らしく美しい瞬間がある」。ハッサンは答えた。「うまく言えないけど、愛され、大事にされているっていう感覚かな。家にいるようなね」。そして、ハッサンらしくこう付け加えた。「でも、とりあえず、熱いシャワーを浴びたいな。もう空港暮らしじゃないんだからさ。飛行機？見るのもごめんだね。馬があればどこでも行けるだろ？」

NAS DAILYのメンバーもこのニュースに狂喜乱舞し、すぐにハッサン解放を伝える新しい動画を投稿した。この勝利は、政府機関、弁護士、メディア、そして一般の人びとが手をとりあってひとりの男を救いだした国際的な努力の賜物であることはあきらかだけど、僕は、フォロワーの声がおおいに勝利に影響したと伝えることが重要だと考えた。僕は言った。

「ついにやったよ！　僕たちの、そしてきみたちの勝利だ！僕たちは、空港に閉じこめられた男性の動画をつくった。1800万人もの人がそれを見て、関心をもち、行動にうつし、それが彼の力になった。国際的な圧力はひと筋縄じゃいかないけど、ひとつのコメント、ひとつの「いいね！」、ひとつのシェアが現実に変化をもたらすことをみんなが証明してくれた。これは、きみには力があり、きみは命を救うことができ、きみは世界を変えることができるという証拠なんだ！」

カナダで自由の身となったハッサン

　NAS DAILY史上、SNSをとおして実際に目に見える変化を
もたらすことができたのは、初めてのことだった。僕のような
ネット住民は、「仕事もせず遊んでる」「何もしていない」とい
う悪いイメージをもたれることがよくある。でも、今回のハッ
サンの一件は、SNSを効果的に使えば、世界をよりよい場所に
することができるということを証明した。

　ハッサンが釈放後にツイートした最初の動画のなかに、それ
をもっともよく表現している言葉がある。彼は、自分に関心を
寄せてくれた世界中の人びとに感謝したあと、しばらく間をお
いてから、静かにこう言ったんだ。

「世界中の難民キャンプや収容所にいる、もっとも祈りを必要
としている人びとのために、祈りつづけよう。1日でも早く、
かれらに安全と法の庇護が訪れることを、僕は心の底から願っ
ている」

不完全な完全

日本、228日目

1000日間の地球一周を終えて、僕が確信したのは、世界の国ぐには、「先進国」「低開発国」、そして「日本」の3つのカテゴリーに分類されるということだ。

日本はまちがったこともたくさんしてるけど、僕はこの国を何度も訪れるなかで、それ以上の魅力もたくさん発見してきた。では、日本がどれだけよいことをしているか、そして僕がどれだけ日本を愛しているかを言葉にしてみたいと思う。

かつて日本は簡単に訪れることができる場所じゃなかった。日本が初めて外国人に門戸を開いたのは、1853年7月8日のことで、それは武力によるものだった。「幕末の砲艦外交」と呼ばれるもので、アメリカ海軍のマシュー・ペリー提督がミラード・フィルモア大統領の命を受けて軍艦を江戸湾に停泊させ、大砲を発射して「やあ、こんにちは。きみたちと貿易をしにきたんだよ」と告げた。たったこれだけ。あまりにもあっけない。

1世紀半後、日本は観光のメッカとして繁栄している。この素晴らしい島国へのNAS DAILYの旅は合計3回に上り、僕は日本を「不完全に完全な国」と呼ぶようになった。狭い家、過

酷な労働、法外な値段（ブドウ1粒が9ドルだって？ 冗談じゃない！）が、豊かな自然、完璧な秩序、奥の深い文化、教養ある人びとのおかげで許される場所だ。

日本はとても安全な場所だ。229日目に僕は簡単な実験をして、それを試してみた。1200ドルのドローンを入れたドローンバッグを人通りの多い歩道に放置し、通りの向こう側から通行人を撮影したのだ。ほかの国であれば、バッグを持っていかれたり、警察を呼ばれたりするだろう。だけど、東京では、歩行者はただバッグの前を通りすぎていった。驚いた僕は、財布、iPhone、そして3000円の現金を置いて同じことをしてみた。やはりだれも興味を示さなかった。日本人は、世界でトッププレベルの安全な国を築いていると思う。

また、日本人は地球上でもっとも良識ある国民だという評判にもまったく恥じなかった。レジ係は僕にクレジットカードを返すとき、両手をそろえて返してくれたし、そのうえ丁寧にお辞儀もしてくれた。歩行者は車が走っていなくても「わたるな」の標識を守っていた。そして、だれもがせきをするときには口をおおい、ほかの人に菌をまき散らさないようにしていた。

そこで、僕はさらに一歩、踏みこんでみた。ある日の午後、僕は日本のかつての都であり、日本でもっとも美しい都市のひとつである京都を散策し、すれ違った人たちに

東京の路上に置いたドローンバッグ

「ありがとう」と言って、その返事を待ってみた。見ず知らずの人たちに、だ。

　最初に試したのは、10代の男の子だった。彼は一瞬、驚いた顔をしたあと、満面の笑みで、手をあげて「ありがとう」と返してくれた。つぎの人も同じだった。そのつぎの人も、そのつぎの人も、そのつぎの人も。だれも僕を無視したり、ぽかんとしたり、怒って立ち去ってしまったりすることはなかった。だれもが理由もなく僕にお礼を言ってくれたのだ。この実験を、たとえばニューヨークでおこなったと想像してみてほしい。たぶん、いくつかの言葉が返ってくるとは思うけど、「ありがとう」っていう人はひとりもいないんじゃないかな。

　日本について絶対に忘れることができないのは──これが日本を訪れた理由のひとつだけど──日本の歴史上、最悪の日を経験した都市を訪れたこと。そう、広島だ。

　多くの旅行者と同じように、僕も学び、敬意を払うために広島を訪れた。いまから71年前の1945年8月6日午前8時15分、第二次世界大戦中のことだ。アメリカの爆撃機が4トンの原爆を広島に投下した。数万人が一瞬にして死亡し、街の70%が破壊された。その年の終わりには、負傷や放射線の影響で死者数はさらに増した。このような大規模な兵器が人類に使用されたのは、歴史上、2回しかない。2回目はその3日後。長崎に投下され、膨大な数の犠牲者を生んだ。
「この未曽有の惨劇について、安易にわかったふりをして語るつもりはない」。元安川にかかる橋の上で、僕はフォロワーに語った。「僕にはそんなことはできないから。だから、映像にまかせるよ」。

厳島神社の大鳥居の前で

　その日に見た、霧雨でもやがかかった広島の姿を、僕は静か
に撮影した。

　黒い傘をさして出勤するビジネスマンたち。広島湾を横切る
1隻のフェリー。厳島沖合には、まるで海の上に浮かんでいる
かのような、印象的な朱色の大鳥居がある。

　そして、70年前の暑い月曜日の朝、B-29爆撃機のパイロッ
トが見ただろう景色を、フォロワーのみんなに追体験してもら
えるように、ドローンを飛ばした。

　動画はその日の夜に編集し、7か月前にオバマ大統領が広島
の原爆資料館を訪れたさいに記したメッセージを引用した字幕
をつけた。「私たちは戦争の苦しみを知っている。ともに平和

を広め、核兵器のない世界を追求する勇気をもとう」。

編集後の動画を見て、僕は思わず泣きくずれた。あの日は、僕の旅のなかでももっとも孤独で、もっとも厳粛な1日だった。あれからどれだけの歳月が過ぎようと、広島は広島だ。霧雨が降り、悲しみを分かちあう人もいないなか、こんな神聖な土地で過ごす1日は胸が張り裂けそうで、いまでも僕の心を深く揺さぶりつづける。

僕はさらに1日、広島に滞在し、人類史上最悪の悲劇に見舞われたこの街に、希望の象徴を探した。

それは、最初の動画を撮影した場所にあった。元安川と太田川が合流する中州に、12万2100㎡の美しい平和記念公園があり、広島の記憶をいまに伝えていた。慰霊碑や記念碑、国際会議場、平和記念資料館、そして川の向こう側には、原爆投下の跡地に唯一残った原爆ドームの骨組みがある。日本人の精神にそって、この建物は戦争記念碑ではなく、平和記念碑と呼ばれ、穏やかにたたずんでいる。

僕が生まれたイスラエルでは、広島に原爆が落とされたのと同じくらい古くから、いまなお紛争が続いている。どの国も、その土地をあきらめようとしないからだ。だけど、広島では、人びとは老若男女を問わず、りっぱな高層ビルや新幹線とともに、人間性への信頼をとり戻している。

ある被爆者は僕にこう言った。「広島の精神とは、悲しみに耐え、憎しみを超え、調和と繁栄を追求し、恒久的な世界平和を心から願うことだ。なぜなら、平和はけっして憎しみからは生まれないからね」。

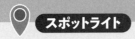

イスラエル●助けが来ている

　エルサレムで救命士として働いていたエリ・ビアは、混雑した道路で救急車が立ち往生すると、心臓発作や外傷を負った被害者の命にかかわることに心を痛めてきた。そこで2002年、エリ・ビアは、救急車が到着するまえに救命処置を施すことができるよう、医療用に改造したバイク「救急バイク」を開発した。教師、エンジニア、ウェイトレスなど、さまざまな経歴のボランティアを募り、6か月間の厳しい救急救命士のトレーニングを受けさせ、ひとりひとりに救急バイクと医療機器を支給した。緊急電話がかかってくると、通信係がGPSで最寄りのボランティアを探し、3分以内、ときには90秒で患者のもとに駆けつける。

　「Uberみたいな感じかな」。彼は誇らしげに語ってくれた。「僕たちのサービスにお金はかからない。完全無償で命を救ってるんだ」。

　エリ・ビアが創設した非営利のボランティアによる救急医療サービス「ハッツォーラー」は、ユダヤ人、イスラム教徒、キリスト教徒の5000人が協力して活動し、これまでに、20か国以上で350万人を治療してきた。驚くべきことに、この組織は完全にコストゼロで運営されてるんだ。「必要なのは人間だけさ」。彼は言った。

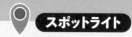
セネガル●彼は黒人になりたかった

セネガルのダカールにある小さなショップ「LuLu Home Interior & Café」でサラダを食べおわったとき、店長兼総料理長のクレマン・スレイマンが不思議なことを話してくれた。「オレはずっと黒人になりたかったんだ」。

ベルギーで育った白人のクレマンは、自分を黒人だと深く信じこみ、肌を黒く塗っていた。母親は息子の奇行を案じ、彼を精神科医のもとへ連れていった。医者は、彼を説得するんじゃなく、母親にアフリカ行きの休暇をすすめた。こうして13歳のときにセネガルの地を踏んだクレマンは、それから一度も故郷に戻ることはなかった。彼はセネガルの市民権を得て、5つの方言をすべて学び、ビジネスを始め、セネガル人女性と結婚し、2人の子どもをもうけた。クレマンは僕に言った。「やっと幸せになれたよ」。

クレマンの話をNAS DAILYで紹介しようと決めたのは、数日後のことだった。アメリカ文化を浴びて育ち、実際にアメリカに根を下ろしたアラブ人として、僕は彼にとても共感した。だけど、人種と市民権は別ものだ。黒人になりたいと思うことと、黒人のなかで生きることはまったく違う。僕は勇気を出してこの動画を投稿し、議論の種をまいた。あるフォロワーは、「みんな黒人になりたいさ。警察が来るまではね」と投稿した。「人の心には色なんてない」と反論する人もいた。でも、僕の考えは少し違って

いた。クレマンは本当の意味で黒人になることはないだろうけど、故郷とは、かならずしも生まれ育った場所じゃなく、自分の心が落ち着く場所なんだって示してくれた。結局、いかに自分らしくいられるかが大事なのさ。

第3章
未知の仲間たちと
いっしょに

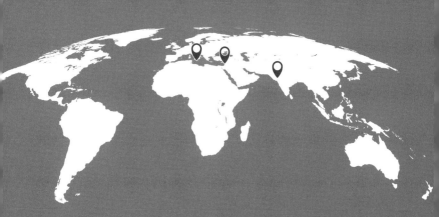

オー・マイ・マルタ！

オー・マイ・マルタ！——誓って言うけど、ほんとに無意識だったんだ。

僕たちは、イタリア・シチリア島の南岸から約110㎞、穏やかなイオニア海に浮かぶ小さな島国、マルタに到着したばかりだった。荷物の整理をしながら、ふと窓の外に目をやったとき、僕ははじめてまわりの美しい風景を前にし、思わず「オー・マイ・ゴッド！」という言葉が口をついた——ところが、うっかり、とんでもなくまちがった言葉を口走ってしまった。

「オー・マイ・マルタ！」

このときはまだ知るよしもなかったが、熱狂的な驚きと喜びを示すこのフレーズは、マルタの魔法を完璧に表現していたんだ。空港に降りたった僕は、この島が地図上では地中海の真ん中にある小さな点で、人口密度が高く、多くのビーチリゾートの島々と同様に、かつてイギリスの植民地だったという前情報しか持ってなかった。だから、この国の文化は想像以上のものではなく、ここでの1週間の滞在は、セネガルからオーストラリアへの本格的な旅のあいだの、楽しくてもすぐ忘れてしまう

ちょっとした寄り道くらいになるだろうと決めてかかっていた。

　だけど、僕はまちがっていた。マルタ共和国はほかに類を見ない最高の国だった。都市ヴァレッタはヨーロッパでもっとも小さい首都だが、国民のほとんどはキリスト教徒で、陽気なかれらは人生に喜び（マルタ語でferh［フェル］という）を見出すことを忘れない。その表現方法はちょっぴり独特だが、なんとも魅力的だ。たとえば、僕たちが到着する数か月前、マルタでタンカーが座礁するという事件があった。だが、かれらがこの惨事を嘆き悲しんだのはたったの40秒。すぐに難破船のインスタ映えする写真をわれさきにSNSに投稿し、大盛り上がりしていた。

　そのことですでにこの島に興味をひかれていたけれど、実際にここに来て一瞬で魅了された僕は、「オー・マイ・マルタ！」というフレーズが、その風変わりでクセになる魅力にぴったりだと感じた。そこで、翌日からNAS DAILYは、これをマルタの観光キャッチコピーにするべく、全力でキャンペーンを展開

僕の上陸前にマルタ島で座礁したタンカー

したんだ。

街なかやビーチや公園に島の学生たちを集めて、カメラに向かっていっせいに「オー・マイ・マルタ！」と叫んでもらった。また、観光省を訪ねて、職員のみなさんに「オー・マイ・マルタ！」の声を上げてもらった。

なんと、マリールイーズ・コレイロ・プレカ大統領までもが、「オー・マイ・マルタ！」を NAS DAILY のフォロワーに披露(ひろう)してくれた。それだけじゃなく、「みなさん、本当にありがとう」とアドリブもつけ加えてくれたんだ。僕はそれらの動画のすべてに「#OhMyMalta!」っていうハッシュタグをつけて発信した。

締めくくりとして、僕はヴァレッタで大規模なパーティーを開くことにし、平和と愛と「オー・マイ・マルタ！」の旗印のもとに、広く参加を呼びかけた。そして、この企画は実現した。即席の祝賀会には、国の人口の1％にあたる4300人以上が顔をそろえただけでなく、マルタ国外からも多くの人が集まってくれた。このうえなく牧歌的な場所であるマルタがそうなんだから、この地球には団結力と積極性がたしかにあるんだと確信できたのは、僕にとってなによりの収穫だった。

さて、もし僕が不誠実な男だったら、ここで話を切りあげて、「オー・マイ・マルタ！」プロジェクトは完璧に、予定どおりに、大団円を迎えたと思わせてエンドマークをつけるだろう。だけど、正直になろう。問題はあった。

盛大なパーティーの準備中のことだった。マルタの大手新聞社の人気政治漫画家であるセブ・タンティ・ブルロは、マルタの観光産業を皮肉る意味で、「オー・マイ・マルタ！」を絵のなかに使った。それは、2階建てのツアーバスが木に衝突し、

ふたりが死亡、50人が負傷した事件を受けてのものだった。ブルロは、この過激で、あえて悪趣味に描いた風刺画のために地元メディアから非難されたが、彼は自分の信念を曲げなかった。彼は言った。

「僕が描いたこの落書きは、たしかに不愉快なものだよ。だから、きみたちが不快になるのはしようがない。でも不快なのは、この状況なんだ。怒るなら、僕に対してじゃなく、状況に対して怒るべきだ」

僕はこの騒動に巻きこまれ、マルタの新聞「The Malta Independent」から取材を受けた。ブルロが僕のスローガンを使って、マルタにある問題に彼の表現で取り組み、議論のきっかけを生んでいることを、僕は公に支持した。

また、メディアは、僕らが動画制作にあたってマルタ政府からこっそりお金をもらっているとか、教会や一般市民、大統領までを自分の利益のために「小道具」として使っているとか、

マルタ北部の町・モスタにある、大きなドームで有名な聖マリア教会

国にとって重要な問題を無視しているとか、事実無根の報道で僕を貶（おとし）めた。僕はムカつきながらも、インタビューやFacebookの投稿で事実をあきらかにし、あらぬ疑いを否定しただけでなく、パーティーは大赤字になる可能性もあったってことも言っておいた。結果、マルタのメディアは、僕の反論を全文掲載してくれた。

最後に、もっとも腹立たしかったこともつけ加えておこう（いま思えば驚くようなことじゃないんだけど）。それは、マルタの労働党が次回の総会に向けて、NAS DAILYのロゴと「オー・マイ・マルタ！」のスローガンを流用して、自分たちの政策をアピールするTシャツをつくったことだ。それはあまりにも浅はかな作戦だった。

「まったくもって気に入らない」。僕はFacebookでほえた。「どの政党もこのスローガンを主張することはできないし、NAS DAILYは政治の道具じゃない。それぞれの政党が何を主張しているのかはわからないけど、僕はどちらともかかわりたくないと、強く思っている。なにより〝オー・マイ・マルタ！〟は僕のものじゃない。だれかが自分勝手に独占すべきものじゃないんだ」。

この騒動で、僕はマルタの人びとから多くの支持を得たが（「マルタがどれほど混乱しているかを知るには、外部の人間が必要だ」と、ある地元の人がFacebookに投稿していた）、ある記者に「そもそも、マルタを高く評価していることが、世間知らずで甘ちゃんな証拠だ」と言われ、僕はいよいよ声を荒げた。僕は記者にこう答えた。

「僕はパレスチナ系イスラエル人だ。僕は、戦争、政治、暗殺、

マイノリティなどの問題について多少なりとも知っている。18年のあいだ、それが僕のリアルだった。だけど、僕は、マルタでは対立が癒されると深く信じている。僕は甘ちゃんでも楽観的でもない。ただ純粋に、すべての対立は一時的なものだと感じている。長い目で見れば、かならず僕たちはひとつになれるんだ」

そこで巻きこまれた些細な政治的ゴタゴタにもかかわらず、マルタでの経験は、いまでも僕のなかで「勝った」カテゴリーの上位にランクインしている。その9か月後、1000日にわたる旅のゴールにふさわしい場所を選ぼうとしたとき、僕はまったく迷わなかった。

わが愛しのマルタ（オー・マイ・マルタ）。ここしかないってね。

マルタで出会ったみんなと「オー・マイ・マルタ！」

見知らぬ者どうし が最高の友人に

イスラエル、330日目

「知らない人には気をつけるのよ」。母はいつもそう言っていた。そして、僕はよい子になるために、知らない人には気をつけるべきだと思って育った。

だけど、気づいたら僕は、40人の見知らぬ人に囲まれていた。

272日目、僕はフィリピンに到着したばかりだった。どの国でも同じだが、僕はそこがどんなところで、どんな人が住んでいるのかをほとんど知らずに訪れる。フィリピンには、大学時代に知り合った友人がひとりいるだけだった。そこで僕は、NAS DAILYの旅で、新しい大胆な一歩を踏みだすことにした。会ったことのないFacebookのフォロワーたちとのミートアップを開催するんだ。

「今度の日曜日、午後4時に、スターバックス・プラザで会いましょう」

フィリピンのフォロワーだけが見られるような方法で、NAS DAILYのページに投稿した。自分の写真も載せた。祈るような気持ちだった。

2日後、僕はだれもいないスターバックス・プラザで、ベン

チに座って待っていた。

これまでの旅を熱心に見守ってくれたフォロワーのだれかと直接会うのは、じつは初めての試みだった。僕には2つの不安があった。1―だれも来てくれないんじゃないか。2―もし来てくれたとしても、めちゃくちゃ気まずいんじゃないか。だって、知らない人だよ？　何を話せばいいんだ？　そいつがろくでもないやつで、ひどい目にあう可能性だってある。「知らない人には気をつけるのよ」という母の言葉は正しかったのかもしれない……。

4時になった。だれも来ない。僕はベンチに座ってコーヒーを飲みながら、たいしたことないふうを装っていた。だけど、それは大きな問題だった。そもそも、なぜだれかが来てくれるなんて思ったのか。自分の活動のあり方や人とのかかわり方、僕という人間の価値……、渦巻く疑問による負のスパイラルに陥っていた僕は、ふと、だれかの視線を感じた。顔を上げると、そこにはたしかに若い男性が、僕を知っているような表情でこちらを見ていた。彼の左側を見ると、別の若い男性がいて、同じように僕を見つめていた。つぎに女性がひとり。さらにふたり。ゆっくりと、だけど確実に、見知らぬ人たちは増えていき、僕のほうにおし寄せてくる。それが10人に。20人に。30人に。

午後5時。ついに僕のまわりには、40人の見知らぬ人たちが集まってきていた。かれらはみんな、僕に会うためにマニラ周辺からやってきたのだ。なかには何時間もかけて来たという人もいた。気まずさはなかった。危険なこともなかった。それからの2時間、僕はそのときはじめて会った40人との友情にどっぷりひたった。みんなめちゃくちゃいい人たちだった。いっし

ょに動画をつくり、写真を撮り、笑いあった。そして、なにひとつ問題は起きなかった。これは最大の驚きだった。どんな最高の状況でも、つねに何かは起きるものだからだ。

これまでにない爽快感があった。「知らない人には気をつけるのよ」という母の戒めはひっくり返り、その日から、「知らない人にはワクワクしなさい」というのが僕の新しい人生訓となり、それをたずさえて世界中を飛びまわることになった。

このあと、数週間から数か月のあいだに、僕は30か国以上の国ぐにで、NAS DAILYの旅程のなかにミートアップを組みこんだ。ごく一般的な場所（街の中心部にあり、出入り自由で、交通の便がいいところ）を選び、到着後すぐに告知した。ミャンマーでは12人しか集まらなかったけど、マルタではなんと4300人もの人が集まってくれた。すべて見ず知らずの人たちだ。

イベントは無料。来てくれるだけでうれしいんだし、そもそもだれかと友だちになるためにお金が必要だろうか？　それこそがこのミートアップを特別なものにしているんだと思う。

ミートアップはすぐに、僕のお気に入りの場になった。つながる場所。その国とその国に生きる人びとの心に触れることができる時間。僕にとっては、ごほうびのようなものだった。NAS DAILYの活動には、画面には映らない面倒で大変な裏方作業が山ほどある。航空券やホテルの予約、ロケ地探し、機材の修理、請求書の支払い……。ミートアップは、そんなストレスや心配ごとから解放され、あれこれ考えた企画を純粋に楽しむ特別な時間なんだ。

以前、ある記者からこう聞かれたことがある。

「ミートアップに来てる人たちは、本当に楽しそうですよね。知らない人と過ごすのが、なぜそんなに楽しいんですか？」

「知らない人じゃないよ」。僕は答えた。「いまから知りあう人たちさ。そう考えると、すごく特別なことに思えてこない？僕は知らない人と知りあうのが大好きだからね！」

NAS DAILYのミートアップのなかで、もっとも印象的で、もっとも盛り上がったのは、イスラエルの国全体を招待したときだった。場所はスターバックスや街の中心にある噴水じゃない。アラバにある僕の実家だ。

NAS DAILYの1年目を終えて帰国した僕は、アラブの街に関する二大都市伝説を一掃することにした。いわく、1—アラブの街は危険、2—ユダヤ人は入れない。

そこで僕はFacebookで、土曜日に実家で大規模なミートアップを開くことを発表し、だれでも招待することにしたんだ（条件はひとつだけ、「人殺しじゃないこと」！）。

アラバには番地がないので、僕の家のGPS座標を画面に表示し、「もし道に迷ったら、心理学者のジアド・ヤシン（僕の父の名）の家を人に尋ねてください」と補足した。

「これはうわべだけの仲よしアピールのパーティーでも、ビジネス交流会でもない」。僕はフォロワーのみんなに言った。「ただ、いろいろな立場の友だちが集まるってだけだ」。

ここが僕の実家だ

正直なところ、僕は少し緊張していた。3人かもしれないし、3000人かもしれない。僕はパーティーの企画に関してはマーサ・スチュワート（カリスマ主婦の先駆者であり実業家）みたいにうまくやれる自信はないからね。

「たぶん、軽食とかは用意しておくよ」とFacebookに書きこんだ。軽食は母と姉が担当し、父はイスや備品を集め、弟は掃除機をかけてくれた。僕の仕事は、そわそわとそのあいだをうろちょろすることだった。

　結論から言うと、心配は無用だった。75人ほどの参加者が集まったが、これは家を満員にするには十分な人数であり、かといって圧倒されるほどの人数でもなかったからだ。つまり、イスラム教徒、ユダヤ教徒、キリスト教徒、インド人、アメリカ人、ドイツ人、日本人、独身者、カップル、障害者がひとつ屋根の下に集まり、楽しみながら友だちをつくるという、僕が夢見ていたことが実現したんだ。

　うれしかった。この夜のパーティーに満足した僕は、3か月後にふたたびこのイベントに挑戦した。ラマダンの月だったので、今回はテーマ・パーティーにして、世界中の人を家に招いて、断食の最後の日を祝い、イード（ラマダン明けを祝うイスラム教最大の祭り）の初日を迎えることにした。

　だけど、ひとつだけちょっとややこしい問題があった。1回目のパーティーから90日がたち、NAS DAILYのフォロワーは50万人から150万人に増えていた。単純計算でも参加者は225人になるし、すでに300人が「参加」、さらに900人が「興味あり」をクリックしている。

「思っていたよりも、おおごとになっちゃったみたいだ」。僕

はおずおずと両親に伝えた。「心配しないで、キャンセルするから」。

そのとき両親は、たぶん僕が世界一幸せな息子であることを思い出させてくれたんだ。かれらは言った。「早まるんじゃない。私たちならできる！」

僕たちは計画を練りはじめた。300脚のイスを用意し、果物を山ほど注文し、料理はビュッフェ形式にして、何人来ても安心なスタイルを考えた。さらに、ドイツにいた兄を呼びよせて手伝ってもらった。家の前の芝生を刈りそろえて、駐車場にしたんだ。そんななか、母が「髪を切ってきなさい」と言ってきた。「そのほうがカメラ映えするでしょ」。

パーティーの前日、僕は注意事項を投稿した。
「たんに食事をしたり、僕に会うためだけに来るのはナシだ。新しい友だちをつくりに来てほしい」

そして、かれらはまさにそのとおりにしてくれた。1人目の参加者が決まってから、目がまわるような9日間が過ぎ、僕は自宅の庭に立っていた。家族といっしょにラマダンが明けるのを祝うために、スペイン、香港、アメリカなど、世界中から集まった300人の人びとに囲まれて。

　いつも言ってるように、僕は、学び飽きるということがない。この素晴らしい一夜が教えてくれたのは、魔法は本当に起こるんだということだ。とかく問題の多いこの世界で、ネット上で150万人の見知らぬ人と自宅の住所を共有し、新しい客が来るたびに新しい友情が花開く。旅行中の家族、定年後の夫婦、妊娠中の旅人、面白いジャグラー、バイク乗りの男、虹色の髪をした女の子……。かれらはみんな、きみの人生を分か

ちあい、お返しに自分の人生の一部を分け与えるためにやってくるだろう。

　だれかが悪だくみをしようとしている可能性は、1％でもあったのだろうか？　もちろんゼロじゃない。悪いことは毎日どこかで起こってる。だけど、いまから知りあう人ばかりが集う家のなかで、何か素晴らしいことが起こる確率は、なんと100％だ。これをみすみすフイにするなんて、ありえないったらないね。

わが家に集まってくれた300人の人びとと

僕はいかにして
入国禁止の国に入ったか

パキスタン（的なところ）、449日目

　友人のゼイナが気の毒だ。彼女にとって、世界を旅することは頭痛の種なんだ。彼女は18年間ヨルダンに住んでいるが、国籍はイラクだ。イラクはほかの多くの国と友好的じゃないから、そのパスポートはアフガニスタンについで世界で2番目に弱く、ビザなしで渡航できるのは32か国にすぎない。ドイツのように、166か国にビザなしで行ける黄金のパスポートを持っている国と比較すれば、ゼイナにとって世界を旅することは「ビザの悪夢」であることがわかるだろう。

　イスラエルのパスポートを持っている僕は、146の国にビザなしで行くことができる。だけど逆に、そのパスポートのせいで行けない国もある。アルジェリア、バングラデシュ、ブルネイ、イラン、イラク、クウェート、レバノン、リビア、オマーン、パキスタン、サウジアラビア、スーダン、シリア、アラブ首長

僕のイスラエルのパスポート

国連邦、イエメンなどだ。

　僕がいくら努力しても、それらの国を訪問するためのビザは取得できない。つまり、僕はイスラエルのパスポートを持っているために、大多数のアラブ諸国への訪問を禁止されてるんだ。これは僕自身がアラブ人であることを考えると皮肉なことだ。イスラエルの国民の20％はアラブ人だっていうのに。なんて政治だよ。

　だから、「ナス、アルジェリアを見せてくれ！」とか「レバノンを見たい！」と言われると、僕はいつも、「行きたいけど、入れてくれないんだよね」と答える。

📍　だけど、2017年5月、僕はこのジレンマに別の解決策を見出した。そのとき僕はトルコのイスタンブールにいたんだけど、パキスタンから奇妙なメッセージを受けとるようになったんだ。

「ナス、つぎは僕たちの国に来てね！」

「ナス、パキスタンに来たら、僕たちが案内してあげるよ！」

「おいおい、隣にいるんなら、ちょっと寄ってくれてもいいだろ！」

　パキスタンとイスタンブールが「隣」ってのは、マイアミとサクラメントが隣っていうくらい乱暴な意見だぞ……っていうグチはいったん飲みこんで、この誘いにはちょっとばかり興味がひかれた。だって、ものの本で僕が読んだところでは、パキスタンはずいぶん素晴らしい国みたいじゃないか。世界最古の文明を生み、人類史の中心を担うこの国は、渓谷や森や氷河、そして地球上でもっともヤバイ8000m峰のうち5座（悪名高いK2を含む）を擁する、生きた絵葉書のような国でもある。

だけど、僕がもっとも興味をひかれていたのはパキスタンの「人」だった。僕はパキスタン人のフォロワーたちとオンラインで交流するなかで、その穏やかで温かい国民性を感じとっていた。かれらは自分たちの国、伝統、そしてホスピタリティを誇りに思っており、母国に関するネガティブな報道にはうんざりしているようだった。2011年にパキスタンでオサマ・ビンラディンが殺害されたことは、アメリカにとっては喜ばしいことだったが、パキスタンの国際的なイメージは悪化し、砂とテロリズムが支配する世界的な悪の巣窟という印象で塗りつぶされてしまったのだ。

　僕はなんとかパキスタンをこの目で見たいと切望していたが、それはできない相談だった。そこで、ひとつのアイデアが浮かんだ。旅の404日目に、僕はこんな投稿をした。

「パキスタンに来てほしいというメッセージがたくさん届いてる。ご存じのように、僕はイスラム教徒だけど、イスラエルのパスポートでは入国を禁じられてる。だから、何度誘われても断るしかないんだ。僕にできることは、パキスタンに行かずして、パキスタンについての動画をつくること。それには、きみの助けが必要だ」

　僕のアイデアは、魅力的で、シンプルで、お茶目なものだった。パキスタンの人たちに、僕のかわりにNAS DAILYの動画をつくってもらうんだ。カメラやスマホを持って地元の街にくり出し、僕が実際には見ることのできない光景を撮影してもらう。さらに、よりリアルにするために、僕の顔写真をプリントアウトして、その場にいるかのようにする。撮影した映像を送ってもらい、僕が編集してNAS DAILYにアップロード

する──。僕はこんなふうに説明した。

　これはたんなる再生回数目的じゃなく、声明でもあった。ある国への入国を禁止されてるパレスチナ系イスラエル人が、彼を憎んでいるはずの地元の人びと（そう思いこんでる人びとは一定数いる）の助けを借りて、動画をつくることができるということを示すものだった。僕のフォロワーたちは、このぶっ飛んだ計画の精神を理解してくれていた。というのも、投稿してすぐに、パキスタン人からの返信が僕の受信箱にたまりはじめたからだ。そこで、このプロジェクトを軌道に乗せるために、数日後にパキスタンの都市ラホールで、ミートアップをおこなうことを発表した。もちろん僕は直接は参加できないけど、うれしいことに、動画をつくるために35人もが集まってくれたんだ。すごい！

　それから45日間、僕はマダガスカル、ニュージーランド、アメリカ、イスラエルの4か国を訪れた。その間、パキスタンのチームは懸命に映像を集めていた。映像が送られてくればくるほど、僕はワクワクしてきた。まるで世界規模のアート

パキスタンのチームが撮影してくれた映像から

&クラフトプロジェクトにいっしょに取り組んでいるかのようだった。重大なトラブルに巻きこまれる可能性はあるが、リスクを冒してでもやりたい。

　449日目には、すべての映像が送られてきた。それを1日かけて組み立て、タイトルをつけ、音楽とナレーションを入れた。そして、満を持してFacebookに動画をアップした。

　それはいつものNAS DAILYの動画だった。それだけに、信じられないものだった。

　動画はミートアップの映像で始まり、35人のパキスタン人が街の公園と思われる場所に立ち、カメラに向かって手を振っている。「ようこそ、パキスタンへ！」と声をそろえて叫ぶグループの先頭には、ピンクと赤のサルワール・カミーズ（長丈のチュニックとパンツの民族衣装）を着た若い女性が、僕の顔写真を、僕が吹きこんだナレーションに合わせて前後に揺らしていた。

「僕たちは、持っているパスポートのせいで、おたがいに会うことができない。だけど、インターネットがある。そのおかげで、僕はかれらをとおしてきみにパキスタンを見せることができるし、自分の目でも見ることができるんだ」

　馬を操って岩山の斜面を駆けあがる人、国民的スポーツであるクリケットに興じるさまざまな年齢の人たち、市場でイスラムの衣装を着た女性にランジェリーを売る人など、パキスタン人の日常生活を写した生き生きとした映像が流れてきた。

「僕はどうしてもかれらに会いたかった」。動画の最後の数秒で僕は言った。「でも、パキスタンに行かずして知ることができたんだ。かれらが世界一ステキな友だちだって！」

僕の写真を持ったパキスタンのみんなと「これで1分、また明日！」

　動画の最後に、パキスタンの新しい友だちと、3000km離れたところにいるイスラエル人の僕、みんなが声を合わせて叫んだ。「これで1分、また明日！」

　この動画に対する反応は、期待どおりのものだった。

　「僕はインド人だけど、多くのパキスタン人に会って、かれらの素晴らしさを知った。かれらは僕たちと同じだ。僕たちのあいだには国境があるだけで、文化的な違いはほとんどない」
「たとえ政府がきみを国に入れてくれなくても、パキスタンの人びとはかならずきみを心のなかに入れてくれる」
「パキスタン大好き。人にレッテルを貼って引き離すパスポートなんてクソ食らえだ。世界はみんなのものだ」

　僕はたまらなく感動した。

　動画じたいのできばえはというと、Androidの質の低い映像だったし、プロットに説得力があったかと言われると、「これを見た」「あれがあった」の連続で、盛り上がりのある展開っ

てわけじゃなかった。

　だけど、動画が伝えるメッセージや、Facebookに寄せられたみんなの感情の高まりを考えると、これまでに制作したどれと比べても、僕はこの動画が誇らしかった。

　太古の昔から、人類は仲間どうしで闘ってきた。国境線を引き、戦争を起こし、どこに行ってだれに会っていいかを示すパスポートみたいな紙切れも含めて、おたがいを引き離す方法を腐るほど見つけてきた。だけど、たった60秒で、実際に会ったこともない寄せ集めの集団が、政治がどれだけ僕らのあいだに壁をつくっても、人間はみんな同じだってことを証明したんだ。

　いつだって僕は、パキスタンに行ける。

世界でもっともセンシティブな話題

　フォーマルな場で話題にしてはいけないものが3つあると言われている。「お金」「宗教」「政治」だ。なぜ、これらの話題がタブーなのか、僕にはよくわからなかった。なぜなら、お金や宗教、政治について話しあえば話しあうほど、世界はよりよくなると信じているからだ。それじゃ、順に話そう。

●お金

　もっともデリケートな質問は、「きみはいくらお金を持ってる？」というものだ。なぜ人は、自分が人生をかけてつくりあげた成果をひた隠しにするのだろうか？　そこで、情報公開の精神にのっとり、まずは僕のほうから全財産を公開しよう。

　この文章を書いている時点（2019年1月）で、僕は95万ドルの資産を持っている。そのうち現金が60万ドルで、残り35万ドルはアマゾン、テスラ、アップルなどの企業への投資と、パレスチナ、スリランカ、アメリカで保有している不動産だ。また、いま、僕の財布には100ドルが入っている。僕の純資産は僕自身の価値とはほとんど関係ないけど、僕は情報公開こそがなにより大事だと考えたんだ。何百万人もの人びとが経済的にオープンになれば、世界はより平等で、公平で、透明性のある場所になる可能性が高まる。透明性を高めることには数えきれないほどのメリットがある。そのうちの3つを紹介しよう。

1　ほかの人がどれだけ稼いでいるかをみんなが知っていれば、男女間の賃金格差はそれほど大きくならないかもしれない。実際、女性の給料が男性よりも低い理由のひとつは、男性のほうが高い給料をもらっている事実を知らないことだ。

2　僕たちはみんな、お金についての決断をするときに、友だちや家族、信頼のおける人にアドバイスをもらっている。だが、当

人の経済状況を知らなければ、かれらは的外れなアドバイスしかできない。これは僕の経験上まちがいない。

3 だれもがお金について悩みをかかえているが、たいていそのことをだれにも話さない。だから、お金の悩みについて自由に話せば話すほど、不安な気持ちを吐きだすことができる。

●宗教

これもデリケートな話題だ。だけど、ここでも透明性を保つために、ちょっと話してみよう。

僕はイスラム教徒として生まれ、育った。子どものころは1日5回のお祈りをし、ラマダンには10年連続で断食をしていた。イスラム教は天国に行くための唯一の道だと教えられ、それを信じていた。

やがて、非ムスリムの友だちをつくるようになった。キリスト教徒の友だちは、「イエスは神の子であり、天国への道しるべだ」と言った。ユダヤ教徒の友だちは、「私たちは選ばれし者だ」と言っていた。ヒンズー教徒の友だちは、「神はひとりだけではなく、何百万もいる」と言った。無神論者の友だちは、何も言わなかった。「わかった、わかった」なんて言って、僕たちを笑っていた。

多くの人に会えば会うほど、だれもが自分の宗教を正しいと思っていることに気づいた。だけど、もしだれかの宗教が正しいというなら、それはほかのすべての宗教がまちがっていることを意味する。僕の宗教もしかりだ。

だから僕は、神という概念は信じつづけてるけど、神様が入った器を信奉するのをやめた。宗教はある人にとっては素晴らしいものだ。でも僕はいま、何かひとつの宗教を信じるには至っていない。そのときがくるまで、僕は自分の内面を見つめ、よりよい人間になろうと決めたんだ。毎日、型どおりの祈りを捧げるんじゃなく、自分を愛し、心をこめて人を愛するようにしている。

●政治

　信じられないかもしれないけど、このトピックは3つのトピックのなかで、もっともセンシティブなものだ。僕はこのことを苦労して学んできた。

　僕はパレスチナ人としてイスラエルで育ったけど、そのために、自分がどの国にも属していないように感じていた。世界は政治的な騒音に満ちているが、なかでも中東は騒がしく、イスラエルはほとんど叫んでいるも同然だ。だからこそ、2008年にバラク・オバマがアメリカの大統領になったのを見たとき、1万㎞も離れたイスラエルで、現地時間の午前6時に、僕は興奮して叫んでしまったんだ。そして8年後、ドナルド・トランプが大統領になったとき、僕はまったく別の理由で叫び声をあげた。

　僕の動画を少しでも見てくれたことがあるなら、僕がリベラルで進歩主義者であることはご存じだろう。僕はグローバリズム、国境開放、銃規制、LGBTQの権利、国民皆保険制度などを強く支持している。

　僕たちは、どこに住んでいようと毎日、政治のお世話になっている。世界でもっとも過激な場所で少年時代を過ごした者として、僕はこのことを肌で感じている。だけど、政治や宗教、お金の話をタブーにすることは、問題を複雑化させる大きな原因だ。自分の意見を礼儀正しく言えるのであれば、他人と意見を交換するべきなんだ。……まあ、こてんぱんに論破されておしまい、なんて最悪のケースの可能性はあるけどね。

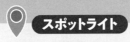

ペルー●沸騰する川

　旅の986日目、僕とアリンはペルー・アマゾンの奥地に飛びこんだ。車とカヌー、みずからの足を駆使しながら、4時間のトレッキングだった。目的地はマヤントゥヤクーという鬱蒼とした森林地帯で、そこで人類を数千年にわたり困惑させてきた自然現象──沸騰する川──を目撃したんだ。長さ6・5km、深さ5mのこの川は、シャナイ・ティンピシュカ（「太陽の熱で沸騰している」の意）とよばれ、最高温度は93度に達する。落ちたらⅢ度の火傷を負うほどの熱さで、まちがって水に入った小動物は焼け死んでしまう。通常、このような高温の水は火山活動の結果だけど、もっとも近い火山でも600km以上離れている。では、なぜこのような現象が起こるんだろうか？

　それには諸説ある。ペルーの伝説によると、この川は巨大な蛇の精霊に見守られており、この精霊が温度調節を自由自在に操っているんだといわれているし、地元のシャーマンはこの川に癒しの力があると信じている。一方、科学者たちは、より現実的な（というか、ロマンのない）仮説を唱えている。この川は、地球の中心で起こる核分裂によって温められた氷河の水であり、地殻のすきまから湧きだして自然のジャグジーをつくっているんだ、って。さて、僕は、この川が卵をゆでるのに十分な熱さかどうか、実際に卵を茹でてみた。結果は、みごと成功！

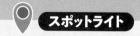

スリランカ●キーボードの戦士

イルファン・ハーフィズは、スリランカの沿岸都市マタラで生まれ、4歳のときにデュシェンヌ型筋ジストロフィーという難病にかかった。12歳で車イスに乗り、18歳で寝たきりになった。それから19年間、イルファンはベッドの上から一歩も動けずにいた。医師からは余命宣告を受けていたが、イルファンにはひとつの考えがあった。筋肉が崩壊して指1本にしか力が入らなくなっても、ストレスと退屈と怒りをぶつけるかのように、イルファンは書くことを始めた。書く。書く。書く。一度に1文字ずつ。ノートパソコンで書けないときは、ベッドサイドに置かれた人工呼吸器につながれたまま、iPhoneで文字を打った。僕がイルファンに会ったとき、彼は37歳で、すでに3冊の本を出版し、何千部も売れていた。詩のように書かれた回顧録『静かなる闘争』、ヤングアダルト小説『喜びの瞬間』、そして人生の教訓を集めた、深い思索の結晶『静かなる思考』だ。

NAS DAILYのフォロワーはイルファンにほれこみ、彼の動画を2000万回も視聴し、広くシェアした。イルファンは、この応援の声に元気づけられ、4冊目の本にさらに情熱的に取り組んだ。「新しい人生を手に入れたような気分だよ」と、彼は僕に語った。だけど、それも長くは続かなかった。僕たちが知りあってからわずか2か月後、イルファンはこの世を去った。だけど、その死後も、イルファンは、これまでに出会っただれよりも僕にインスピレーションを与え、日々をただ過ごすんじゃなく、いかに戦

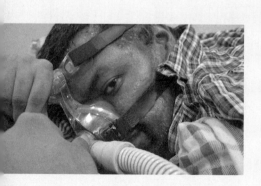

いぬくかを教えてくれた。『静かなる思考』のなかで、彼はこう言っている。「最大の戦いは、いつも自分自身のなかで起こる」。それが真実なら、イルファン、きみは自分との戦いに勝ったんだ。マイ・ブラザー、どうか安らかに。

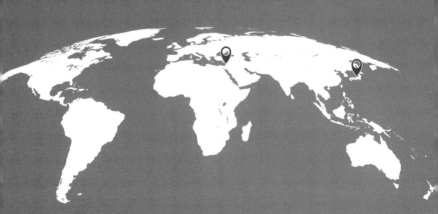

第4章
ごく私的な
問題について

ユダヤ人 vs アラブ人

壊れた大人を修復するよりも、強い子どもをつくるほうが
簡単だ。

——フレデリック・ダグラス

NAS DAILYの楽しみのひとつは、旅の計画を立てること
だ。そのコンセプトに従えば、思いもよらない目的地を選
びつづけることは不可欠な要素だと、かなり初期の段階から僕
は考えていた。同様に、一度行った国には、よほどの理由がな
いかぎり再訪しないように気をくばった。

そういう意味では、ここであえてイスラエルを選ぶっていう
のは完璧なチョイスだった。3年のあいだ、僕はひんぱんに家
に帰っていた。家を出たあらゆる子どもがそうであるように、
家族が恋しかったからだ。今回は、ちょっと家にたち寄って、
家族であったかい手料理を食べながら、そのようすを撮影した
動画を投稿してやろうって計画さ。どうだい？

2018年1月、僕はイスラエルに帰省した。この帰省は、イン
スピレーションを得るよりも、大きな苦悩を与えられるものと

なった。

僕はエルサレムにある正統派ユダヤ教徒コミュニティで動画をつくるため、人通りの少ない路地で撮影のセッティングをしていた。彫刻が施された石壁、装飾的な鋳鉄製の窓格子、いたるところにつるされた植物、そして頭上には緑豊かなレモンの枝が伸びていた。

僕がカメラに向かって話している最中に、正統派ユダヤ教徒の男性が後ろのほうから歩いてきて、カメラのフレームに入った。彼は「ああ、失礼」と謝ってくれた。「いいです、いいです。どうぞ通ってください。ハクナ・マタタ！（ノー・プロブレム！）」と僕は答えた。

公共の場での撮影ではよくあることだ。僕は喜んで彼を通した。だけど、彼は歩き去ろうとしなかった。立ちどまって、僕たちが何をしているのか聞いてくる。僕はNAS DAILYのことを話した。彼は純粋に興味をもったようで、NAS DAILYの視聴者や動画の再生回数について尋ねてきた。中年の正統派ユダヤ人が、なぜ再生回数を気にするのか、奇妙な質問だと思ったが、僕は元気よく答えた。

「いま、合計すると7億回です」

「まさか！」。彼ははじかれたように言った。

彼はソーシャルメディアのこともよく知っているようだった。ようするに、僕が獲得したいと考えていた新しい視聴者層ドンピシャだったわけだ。僕は興奮した。

番組についてもう少し話をしたあと、この地域ではよくあることだけど、話は微妙に、だけどあきらかに変化した。彼は僕のルーツについて尋ねた。

「僕はパレスチナ系イスラエル人です」。僕は言った。

「え、本当かい？」。彼は驚いたようすで答えた。「しかし、きみは、その、なんというか……、ずいぶん知的じゃないか」

　そら来た、と思った。だけど、僕は彼を信じて、明るくふるまうことにした。

「まあ、そうですね。でも、ご存じのように、ほとんどのアラブ人はあなたの仲間ですよね？」

「冗談じゃない！」。彼は反論した。「私は多くのアラブ人と仕事をしている。かれらは知的じゃない。野蛮なんだよ」。

　言葉を交わしたのはわずか2分たらずだったが、そのあいだに、初めて会ったこの人は、ある民族全体、つまり僕の民族が愚かで野蛮だと固く信じていることを僕に告白したんだ。僕は開いた口がふさがらなかった。

「あー、わかりました」。僕は言った。「あの、本当にありがとうございました。ですが、僕が思うに……」。

　正直なところ、言葉が見つからなかった。ひとつは、彼の母語であるヘブライ語で会話をすることに少々難があったこと。もうひとつは、彼がなんの理由もなく、僕や僕の仲間を攻撃していることに対して、冷静に自分を抑えているのがだんだん難しくなってきたことだ。

　彼は、僕がパレスチナ人であるはずがないと言いつづけた。僕がいくら言っても、ゆずらなかった。結局、彼は、僕をフランス人だと結論づけた。

　このような出会いは、けっして、この地域のユダヤ人とアラブ人のあいだに限ったことじゃない。もっとひどい対立は毎日のように起こっている。命の奪いあいに発展することだってめ

ずらしくない。また、こういう事態には両面があることも忘れてはならない。僕は、この男と同じように「ユダヤ人はみんな悪人だ」と主張するアラブ人と話したことが何度もある。偏見というのは、だれもが平等にもちあわせている人格上の欠陥だ。差別とはまた性格が違う。

突然、路地にひとりの女の子が現れた。男が言うには、彼女は自分の妹で、15歳だという。ふたりは、まるで僕がいないかのように話しはじめた。

「だれ？」。彼女は僕を身振りで示しながら兄に尋ねた。

「動画を撮ってるんだってさ」。男は妹に言った。「どうでもいいさ。彼はパレスチナ人だからね」。

「やあ」。僕はその子に言った。「きみのお兄さんの言うとおり。

エルサレムの路地で出会った兄妹との一場面

僕はパレスチナ人だ」。

　ほとんどの場合、僕はだれに聞かれても、自分がパレスチナ系イスラエル人だって答える。だけど、このときは違った。自分がパレスチナ人であることを強調する必要があると感じたんだ。誇りをもって。

　彼女は僕を無視して兄と話しつづけた。「どうしてあの人、誇らしげなの？」。彼女は尋ねた。

「彼がそのことを誇りに思っているからだよ」。兄は言った。「何が問題だい？　誇りに思うことの？」

　少女の目が細くなった。「じゃあ、どうして私たちを殺すの？」

　僕はイスに座ったまま、彼女に向きあって、言った。

「僕はだれも殺さない。殺していない人は何百万人もいる。きみはだれも殺さないだろ？　僕もいっしょだ」

　エルサレムの小さな路地の片隅で、突然、全世界が憎しみに彩られてしまったかのようなシュールな光景だった。大人に向かって自分の民族性を主張するのもいいが、15歳のユダヤ人の女の子が、アラブ人と1km も離れていないところで暮らしていて、そのアラブ人に憎しみしかもっていないのだ。そのことがより重大な問題だった。

　それまでは兄と話をしながら僕を見ていた少女が、腰に手をあてて僕のほうを向いている。

「私にまかせて」。彼女は言った。「アラブ人はひとりもこの地域に入れないから」。

「どうして？」。僕は尋ねた。

「私たちを殺そうとしているから」

「きみは15歳だ！」。僕はたまらず声を荒げる。「なぜ、そんなことがわかる？」

「パレスチナ人の10％はテロリストだからな」。兄が口をはさんだ。

「違うわ」。少女はそれに反対した。「アラブ人はみんなテロリストよ」。

「僕はテロリストじゃない」。僕はくり返した。「そして僕は、アラブ人だ」。

「あなたはアラブ人じゃないわ！」。彼女は主張した。

「僕はアラブ人だ。アラビア語を話すし、きみを殺したいとも思わない。友だちになりたいんだ」

「違う」。彼女はつっぱねた。「アラブ人はみんなテロリストよ！」

堂々めぐりだった。憎しみを感じるのはつらい。15歳の少女から憎しみをぶつけられたことについては、いくぶん傷ついたと言わざるをえない。エルサレムって街は、ユダヤ人とイスラム教徒が裏庭を共有し、同じファラフェル（中東風ひよこ豆コロッケ）屋で食事をし、並んで建っている礼拝堂でそれぞれの神に祈りを捧げる街だ。僕は自分のためだけじゃなく、自分の民族のためにも傷ついたんだ。

このやりとりのあいだ、ずっとカメラは回っていたので、その日の夜、家に帰ってから何度も映像を見た。投稿するまでには2週間かかった。60秒にカットすることができなくて、5分ほどの長さになった。観るのがつらかったからこそ、その真実を薄めたくなかったんだ。

エルサレムでのあの日のことを考えつづけるうちに、あの男

とその妹、そしてかれらのような考えをもつすべての人びと（ユダヤ人、アラブ人を問わず）に対する怒りは薄れていった。かれらにとってはそれが常識なんだ。なぜなら、それがかれらの知るすべてだから。テレビをつければいつも、アラブ人がユダヤ人を、ユダヤ人がアラブ人を殺そうとしている光景ばかりが映しだされる。大多数の人びとは戦争なんか望んでなくて、ともに働き、ともに学校に通い、ともに人生を謳歌していることを知らないんだ。

　この出来事は、地球上でもっとも過酷な土地にある、もっとも神聖な都市の、なんの変哲もない路地での5分間の会話にすぎなかったけど、憎しみにとらわれた人びとに、そうではない僕たちは、もっと声を届ける必要があることを教えてくれた。かれらユダヤ人のテレビや雑誌、Facebookのニュースフィードに、僕たちアラブ人が登場する。シナゴーグで、モスクで、言葉を交わす。すべてのアラブ人がテロリストじゃないし、すべてのユダヤ人が悪人じゃないことを伝える必要がある。

　こんど路地で出会ったときには、たいくつな天気の話でもできるように、早急に実行する必要があるんだ。

僕の日本の友人

日本、516日目

　日本には何かがある。NAS DAILYの旅で、なぜ日本を何度も訪れたのかはさだかじゃないが、この場所の魅力に僕は酔いしれた。僕はあきらかにこの国に、そしてもっと言えば、この国の人びとに恋をしてしまったんだ。

　二度目の来日を果たしたころには、NAS DAILYのフォロワーは大きく増えていた。いつものようにミートアップを告知したところ、200人以上の人が集まってくれた。じつは、予想では、ほとんど集まらないと思っていたんだ。というのも、日本人は英語が苦手だからだ。

　でも、その日のミートアップでは200人の新しい日本の友人と出会うことができた。みんな、喜んで集まりに参加していた。

　そのひとりが、ユウキという名の23歳の青年だった。優しい顔立ちをしていて、背丈はふつうくらい。そして、いつも人を笑わせようとしていた。彼は、日本滞在中に僕が必要とすることはなんでも、自分ごとのように世話を焼いてくれた。僕はその国に来たら地元の人に助けを求めるのが常だったが、ユウキも手を貸したがっているようだった。

今回の旅での僕の頼みごとは、正直言って、ちょっとふつうじゃないものだった。たとえば、「外で寝て大丈夫なところを探してくれないか」と、ユウキに頼んだ。つまり路上で寝て、日本の物価の高さへの不満を表現した映像をつくろうと考えたんだ。必死でアリンを説得して、この企画に協力してもらった。ユウキは、この企画にぴったりな場所を探すのを手伝ってくれただけでなく、ミートアップに集まった人のなかで唯一、いっしょに夜明かししようって言ってくれた。僕のバカみたいな主張を表現するために。僕は感動して、一瞬でユウキを気に入ってしまった。

　この動画は好評だった。翌日もまた、重要なトピックを探した。そして、かなり有力なネタを見つけた。日本が解決すべき問題は、高すぎる生活費だけじゃないことがわかったんだ。それは、ストレスをかかえる人や鬱病になる人の割合がとても高いこと。最初にそれを知ったときは驚いた。日本で鬱病になる人なんているの？　日本は住むのにも働くのにも素晴らしい場所だよ。礼儀正しく、清潔で、安全で、賢く、まさに完璧な国だ。だけど、完璧を求めること、つまり成功しようとする絶えまない努力には、代償がひそんでる。

　　僕は日本で絶対に避けることのできない場所、有名な「自殺の森」を探索することにした。

　富士山の北西側に位置する青木ヶ原樹海は、30㎢におよぶ鬱蒼とした森で、驚くほど美しい場所だ。溶岩の上に根を下ろした常緑の樹々が、ツキノワグマやイタチ、コウモリ、カブトムシ、蝶などのために涼しげな天蓋をつくっている。

　だけど、悲劇的な異名で呼ばれるこの静かな森には、人びと

の悲しみの波が絶えまなく押し寄せてくる。「自殺の森」。毎年100人もの人がここで命を落としており、森の入り口には、自殺を思いとどまらせる呼びかけを記した看板がいくつも設置されている。

　だけど、ここを訪れる自殺願望者は後を絶たない。ひたすら歩きつづけ、生い茂った樹々の陰に姿を消していく。気が変わったときにひき返せるように、ビニールテープで目印を残しながら森に入っていく人もいるようだ。でも多くの場合、決心は変わらない。首を吊る自殺者がもっとも多く、なかには薬物や毒物で人生を終える人もいる。どの方法を選んだとしても、耳が痛くなるほどの静寂のなかで最期の瞬間を迎えることだけは共通だ。木々の間隔がせまく、風の音も聞こえない。自殺の森の深さをさして、「虚無の裂け目」と呼ぶ人もいる。

　みずから死を選ぶという伝統は、日本では古くから存在した。切腹は12世紀の封建時代にさかのぼる。武士は、自分や家族

青木ヶ原樹海を紹介したNAS DAILYのひとコマ

の名誉を守るために、みずから命を絶った。今日では、絶望の表現となっている。近年、日本の年間自殺者数はゆるやかに低下しているが、それでも1日60人と、ドイツの約2倍であり、世界でもっとも高い水準にあることから、国家的な緊急課題となっている。

自殺の森の動画をつくることに、僕は一瞬たりとも躊躇しなかった。多くの人が苦しんでいる現状で、問題意識を高めることはけっして悪いことじゃない。実際、516日目に動画を編集するとき、できるだけ多くの人に見てもらいたいと思って、日本語字幕をつけることにした。

深刻なテーマを取り上げたことへの不安は、コメントが届きはじめると一気に解消した。「タブーなテーマに切りこんでくれてありがとう」。あるフォロワーは、こんなコメントをくれた。「心の病をかかえた人に対するレッテルは、乱暴で偏見に満ちています。でも、こういう動画があれば、助けを求めても大丈夫なんだということをみんなに伝えられるかもしれません」。これには多くの人が賛同した。

僕は、この動画がとても親密に、多くの人びとの心に届いたことに感謝した。だけど、驚いたのは、ユウキのことだった。彼は最近、まさに自殺しようとしたことがあり、文字通りサイコロを振ってかろうじて踏みとどまったことを僕にうちあけてくれた。

彼の話は、即座に信じられるものじゃなかった。冗談を言っているんじゃないか？　または、言語の壁がじゃまをして、僕が彼の話を正しく理解できていないんじゃないか？──だけど、それは冗談でも誤解でもなかった。彼はより詳細に話してくれ

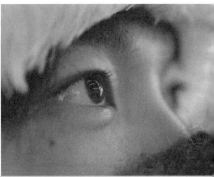

僕の友・ユウキ

たので、僕はさらに驚くことになった。僕はユウキに、カメラ
の前で同じことを話してくれないかと頼んだ。

　ユウキは同意してくれたけど、匿名（とくめい）が条件だった。彼の顔に
グレーのスカーフを巻き、頭にはサンタクロースの帽子をかぶ
り、名前は明かさないようにした。そして、ユウキは、自分の
ことを話しはじめた。

　1か月ほどまえ、彼は生きる気力を失い、絶望の淵（ふち）に沈み、
命を絶つ計画を立てはじめたという。だけど、心のなかに、こ
の決断を思いきれない部分があった。そこで彼は、1日1回、7
日間連続で、サイコロに自分の運命をゆだねることにしたんだ。
6の目が出れば、そこで人生を終える。出なければ、計画はと
りやめだ。

　1日目の夜、6は出なかった。2日目、3日目の夜も、4日目、
5日目、6日目の夜も、6は出なかった。7日目の夜、彼は運命
のサイコロを振った。

　目は4だった。彼は計画を中止し、運よく死をまぬがれるこ

ととなった。

　撮影が終わったあと、僕はユウキを抱きしめて、包み隠さずうちあけてくれたことに感謝した。数時間後に動画を投稿すると、何百万人もの視聴者が彼にエールを贈った。その数は本当に信じられないほど多かった。そして、ユウキはそのコメントにしっかりと目をとおしていた。

　その日の夜、彼はメールをくれた。「僕がこんなにも大切に思われていることを実感したよ」。その言葉を聞いて、僕はとてもうれしくなった。それこそが僕の目的だったから。愛されていると感じてもらうこと。何百万人もの人びとが彼のことを気にかけていることを信じてもらうこと。二度と命を絶とうとしないようにとの願いをこめて。

　だけど、僕はまだ不安を感じていた。彼は、自殺なんて考えたこともなさそうな、まだ少年のような若者だった。彼にはよい家族、よい仕事、十分なお金、そして親しい友人がいた。いずれ彼は、同じように暗い場所に戻ってしまうのだろうか？　それは数週間後？　数日後？　数時間後？

　その疑問に対する答えが出ないまま、数日後に僕は日本をあとにした。日本では、仕事や収入、社会的地位、学校での成績などについて、人びとは日々、なみなみならぬプレッシャーにさらされている。だからこそ、「自殺の森」が存在するのだろうか。闇のなかでサイコロを振りつづける日本の男女が増えていくのだろうか。

　ユウキの動画を撮影してから9か月後、僕は彼に連絡をした。彼のことが心配だったので、僕とアリンは定期的にメッセージを送ってたんだ。なんなら、いっしょに旅をして、NAS

DAILYの終わりをともに祝おうと思っていた。本当に心配だった。

　だけど、そのメッセージに返事は来なかった。不安が募った。そして、衝撃的な事実を知った。その数週間前、ユウキは助けを求めることなく、みずから命を絶っていたのだ。彼はもう一度サイコロを振っていた。6が出たんだ。

　僕はこのニュースを聞いて、雷に打たれたような気持ちになった。ショックなんてものじゃなかった。彼の動向をもっとひんぱんにチェックしなかった自分に腹が立ち、きっと大丈夫だと思いこんでいたことにさらに腹が立った。ぜんぜん大丈夫なんかじゃなかったんだ。

　NAS DAILYの201日目から、僕は人生のパーセンテージを示すデザインのTシャツを着ることにしていた。日本への旅が僕に教えてくれたのは、美しさや誇り、忍耐力や努力といった多くのことだけじゃなく、もうひとつあった。「Tシャツは、ときにウソつきだ」。

　NAS DAILYで何千時間も撮影してきたなかで、このことは、僕を泣かせた数少ないエピソードのひとつなんだ。

家に帰る

イスラエル、469日目

僕はこの原稿を、ファイルーズ（50年にわたって中東のアラブ人の心をとらえつづけてきたアーティスト）の音楽を聴きながら書いている。いま流れてるのは、「ザハラット・アル・マダエン（すべての街の花）」という曲だ。

> 私たちの目は　いつもあなたを見つめ
> 祈りを捧げてる
> 寺院のホールを眺め　古い教会を見守り
> モスクから悲しみをぬぐいさる

この曲はエルサレムに捧げられている。エルサレムはいままで訪れたなかで、もっとも神聖で、もっとも感動的で、もっとも不思議な街だ。初めてその城壁のなかに足を踏み入れたとき、僕の心はあの街に完全にとらわれてしまったんだ。
「死ぬまでには絶対、エルサレムに行っとけよ」。僕は大学時代、こんなふうに友だちに話していた。「あそこには、すべての人にとっての何かがあるんだ」。

エルサレム──私たちの目はいつもあなたを見つめ……

　これは誇張じゃない。ユダヤ人であれば、神殿の丘がすぐそこにある。キリスト教なら、イエスの墓がある。イスラム教徒ならば、街の中心にアル＝アクサー・モスクがある。無神論者であれば、エルサレムのナイトクラブはかなりクールだ。

　3つの宗教が一堂に会する神聖な都市は、世界のどこを探してもほかには見あたらない。ただのひとつも。

　僕がエルサレムに魅了されたのは、まだ5歳のときで、あの旧市街を歩いていたときのことをいまでも鮮明に覚えている。僕の左には正統派のユダヤ人、右には正統派のイスラム教徒、そして目の前にはキリスト教の司祭がいた。3人ともそれぞれの信仰に満たされていて、相手の宗教に配慮しつつ、自分の宗教を静かに実践していた。僕はまだ少年だったけど、そこには何か神秘的なものがあると感じた。成長するにつれ、僕はその神秘をより強く感じるようになっていった。

僕はNAS DAILYの旅で何度かエルサレムを訪れたし、ふだんからひんぱんにエルサレムの話をしていた。だけど、だんだんと、エルサレムが連綿と続く死の歴史そのものだという冷たい現実を無視することができなくなっていった。

世界中のすべての宗教が、ある日突然、おたがいに平和を求めたとしても、エルサレムでは戦いが続くだろう。それがこの街なんだ。

ひとつ、その例をあげてみよう。469日目、僕は2週間のブラジル旅行を終えたところで、つぎの目的地に向かうまえにイスラエルの自宅にたち寄ることにした。サプライズで両親に会いにいき、その反応を撮影するのも面白いかなと思ったんだ。だけど、サプライズをくらったのは僕のほうだった。母と父はそのとき、国外にいたのだ。

まあ、でも、ちょうどよかった。家族に会えないのは残念だったけど、この1年間はひとりの時間をあまりとれなかった。シャワーを浴びて、サンドイッチをつくり、ビールを飲んで、スマホで最新ニュースをチェックすることにした。

だけど、そんなことしなけりゃよかった。スマホの小さな画面には、僕が幼いころにいつも見ていた、あまりにも見なれた不安な映像がつぎつぎと映しだされた。僕の大好きな街の通りを兵士と民間人が激しく行きかい、煙弾が空中に弧を描いて飛びかう。拳がふり下ろされ、足が蹴りこまれる。エルサレムは実質的に戦争状態だったのだ。

その日の朝、パレスチナ人の10代の若者3人が銃で撃たれて死亡し、その日のうちにイスラエル人3人が報復のために刺殺されるという悲惨な事件が起きていた。エルサレムではこのよ

うなことが新しい日常となっており、罪のない人びとの命が犠牲になっていることを無視することはできなかった。

衝突は1週間前の7月14日の朝、旧市街で始まった。キリスト教、ユダヤ教、イスラム教の3つの宗教でもっとも神聖な場所とされる、3000年の歴史をもつ神殿の丘から、拳銃と急造のサブマシンガンで武装した3人の男が、武器をかまえて広場の門を出てきたあと、敷地内に戻り、モスクの前で待機した。その後、銃撃戦となり、3人の襲撃者は全員死亡した。イスラエル軍の警官2名も死亡した。

奇襲を受けた旧市街は通行止めになった。また、イスラエル当局によって神殿の丘が数十年ぶりに閉鎖され、アル＝アクサー・モスクでの金曜礼拝も中止された。その後2日間、イスラエル軍は捜査と尋問をおこない、最終的には金属探知機を設置して神殿の丘を再開した。

聖地の入り口に検問所を設置するというセキュリティ対策が導火線となり、その後1週間、何百人ものアラブ人の抗議者がこの地域に押しよせた。イスラエルとパレスチナの政治指導者たちも参戦し、激しい衝突は周辺地域にも飛び火したのだ。

怒りと緊張がついに沸騰したのは、僕がブラジルから海を渡り、不意の帰国を果たした7月21日のことだった。占領下のヨルダン川西岸とガザでおこなわれていたデモで、パレスチナ人の若者3人（うちふたりは18歳、もうひとりは19歳）が射殺されたのだ。その日のうちに、19歳のパレスチナ人が、安息日の夕食中のユダヤ人入植地の一家の住まいに押し入り、3人を刺し殺した。これが、僕が帰宅したときの状況だ。

これは何千年もまえから続いていることだ。

「エルサレムには、なぜいつも暴力があるんだ？」

いつも聞かれる質問に、僕はいつも同じ答えを返す。

「おかしな話だけど、本当に愛しているからなんだ」

口先だけじゃない。ユダヤ人も、イスラム教徒も、キリスト教徒も、この街を死ぬほど愛している。礼拝所の前に金属探知機を設置したり、石畳の上に水筒を置いたりっていうことでさえ、エルサレムにいかなるささいな変化でも与えることは、この神聖な場所に波乱をもたらす。

エルサレムに対するキリスト教徒、イスラム教徒、ユダヤ教徒の屈折した愛情の根深さを理解するには、聖墳墓教会の窓の下に置かれた「不動の梯子」を見ればいい。この梯子は、18世紀に教会の修復工事をしていた石工が残していったものだ。この梯子が「不動」と呼ばれているのは、この教会で祈る6つのキリスト教教団の聖職者が、ほかの5つの教団の許可なしに、

不動の梯子

教会の所有物を一部たりとも変更することは許されていないからだ。だから、その梯子は身動きひとつしない。

　キリスト教徒どうしですら、こんないざこざをかかえている。そこにユダヤ人やイスラム教徒を放りこんで混ぜあわせれば、つねに厄災ととなりあわせの街になるのは火を見るより明らかだ。厄災は暴力を生み、暴力は死をもたらす。

　それがエルサレムの痛々しい真実であり、愛と暴力が悲劇の振り子のように前後に揺れ動いているのだ。僕がこの原稿を書くために聴きはじめた曲でさえ、いままさに、平和なメロディーから反抗的なメロディーへと突然、調子を変えた。「おおいなる怒りがやってくる」と歌うファイルーズは、いつの日かエルサレムをユダヤ人からとり戻すというアラブ世界の不変の決意を強調している。

　この曲を聴きながら、僕のなかに住む5歳の少年は、エルサレムの聖なる壁のなかにある深い溝をまだ把握できずにいる。テレビで見る映像とは裏腹に、あの子はまだその魔法にしがみつこうとしているのだ。

　だけど、彼もだんだんわかってきたようだ。僕がもっとも愛する都市に平和をもたらすためなら、僕にできることはなんだってする。なぜなら、エルサレムが平和になることができれば、世界中のどこだって平和になることができるに決まってるんだから。

　それまではみんな、どうか、僕が初めてあの素晴らしい都市をみんなに紹介したときの言葉を忘れないでほしい。「エルサレムに行かずして死んではいけない。そして、エルサレムでも死なないように気をつけて！」

家に帰る

セネガル●平和の島

セネガルの海岸線・プチコートにあるジョアル‐ファディユは、なんと島全体が貝殻でできている！　地面は貝殻におおわれ、家の壁や塀などにも貝殻が埋めこまれている。世界でここでしか見れない光景だ。ハイフンでつながれた名前が示すように、ジョアル‐ファディユはもともと、ふたつの町がひとつになったものだ。ジョアルは本土の漁村、ファディユは貝殻の島で、本土側の海岸と島とを木製の橋でつないでいる。

はしからはしまで貝殻細工のようなフォトジェニックな島だけど、それ以上に僕を驚かせたのは、8000人のイスラム教徒とキリスト教徒が調和している住民たちの姿だった。かれらは教会やモスクでともに祈り、樹齢800年のバオバブの巨木の下でともに心を休め、同じく貝殻でできた墓地でとなりあわせに埋葬される。そして、自動車は1台もない。

ジョアル‐ファディユがどのようにして誕生したのかは、だれにもわからない。いちばん最初の移住者は、ガンビアやモロッコといった遠い国から来たとする説もある。いずれにしても、この100年のあいだ住民が平和的に共存してきたことが、この町の特徴であることに変わりはない。人類のるつぼといえば先進国を思いうかべるけど、貝殻でできたこの小さな開発途上の島ほど完璧な共存の例を、僕は見たことがない。

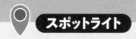

ペルー●銀行を設立した少年

・・

　ペルーのアキレバに住むホセ・アドルフォ・キソカラ・コンドリは、12歳のとき、クラスメイトたちがお小づかいをショッピングモールで使いきって、貯金ができていないことに気づいた。そこで彼が考えたのは、銀行を設立することだった。クラスメイトのお金を集めてそれぞれの預金口座に入金し、支出の上限を設定したデビットカードを発行したのだ。「子どもが始めた世界初の銀行なんだよ」と、14歳のホセは笑顔で話してくれた。だけど、それは序章にすぎなかった。

　ホセは、プラスチックをリサイクルすることで、子どもたちがお金を稼ぎ、貯めることができるシステムを構築した。飲みおわったペットボトルや、道端で拾ったプラスチックゴミなど、リサイクルできるものを銀行に持っていけば、お金と交換できるのだ。このアイデアに火がつき、いまではホセが経営する学生協同組合銀行（Banco Cooperativo del Estudiante）には、3000の口座と5万ドルの預金があり、彼の2倍の年齢の8人の従業員を抱えている。

　2018年、スウェーデンのエネルギー会社テルゲ・エナジーは、子どもたちにお金を貯めることと環境を守ることを教えた功績を称え、ホセと彼のエコバンクに、国際的な賞であるChildren's Climate Prize（子ども気候賞）を授与した。「ウィン・ウィンの関係なんだ！」。ホセは笑顔を見せた。

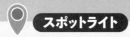
マルタ●彼は自分の島を持っている

67歳のサルブ・ヴェラは、マルタ共和国の小さな島、コミノ島に住んでいる。彼の一族がコミノ島に住むようになったのは100年前にさかのぼり、かつて17人いた一族は、いまではサルブとふたりのいとこだけになってしまったけど、たまにビーチに出没する観光客をのぞけば、この島は実質、かれらのものだ。孤独な生活に思えるが、僕が訪ねたとき、サルブは楽しそうで、めちゃくちゃ忙しそうにしていた。迷彩服に全身を包んだ彼は、このプライベートな楽園を案内してくれた。

島の環境管理人として、マルタ共和国大統領から国家勲章を授与された彼は、電動ボートトレーラー、太陽光発電による浄水システム、化学薬品不使用の畑の害虫駆除剤、完全電動オフロード車など、さまざまな乗り物や装置をつくったり発明したりしている。釣り、農業、養蜂、発明などで忙しくないときは、デスクワークにいそしんだり（「おれのインターネットはきみらのなんかよりずっと早いぞ！」と自慢していた）、11台あるドローンを飛ばしたりしている。と同時に、彼の行動原理の中心にあるのはつねに家族だ。2011年に弟のアンジェロが腎不全になったため、現在は2日に一度、治療のために病院に連れていっている。でもそれじゃ、24時間態勢でおこなっている島の管理に支障はないんだろうか？　「愚問だね」。僕の質問に彼は答えた。「いつだって最優先すべきは家族さ」。

第5章
むき出しの
憎悪の前で

髪を下ろして

モルディブ、771日目

驚くべきことに、これから紹介する動画のなかでしゃべっている英単語はぜんぶで172語しかなく、そのうちの130語を僕が話した。X※は42語しか話していないことになる。しかも、「これで1分、また明日！（That's one minute, see you tomorrow!）」という彼女が言った最後の決まり文句を引くと、36語にしかならない。

それなのに、この動画が、これほどまでに激しい非難と憎しみをまき起こしたという事実が、いまでも僕の心を揺さぶりつづける。

問題になったのは言葉の数じゃない。彼女が髪の毛を見せているたった10秒間のシーンだった。

僕は6日前にモルディブ共和国に到着し、この国にすぐに魅了された。スリランカの南西、インド洋の赤道上に浮かぶ1200ものサンゴ礁の島々は、もし天国があるなら、こんな

※彼女のプライバシーを保護するため、NAS DAILYの動画のなかでそうしたように、この本でも彼女のことを「X」と呼ぶことにする。

感じだろうと思わせる。動画のなかでも僕は、この南国の楽園について、天国を引き合いに出して紹介した。

「モルディブに来たら、きっと、もっといい人間にならなくちゃって思うはずだよ。そうすれば、死んでから天国に行って、もう一度この経験を味わえるからね！」

Xとの出会いは、島に来て2日目のこと。僕は広場でミートアップを撮影していた。ミートアップに集まった何百人もの若者たちのなかに、Xはいた。ほかの女性たちと同様、彼女も伝統的なヒジャブを身につけていた。厳密には、ヒジャブは頭、肩、胸の上部をおおうシンプルなベールだけど、たんなる文化的なファッションじゃない。イスラム教の聖典「コーラン」では、男性も女性も慎みぶかい服装をするように指示されていて、ヒジャブは悪人と善人、信者と非信者を分ける、信仰上、特別な役割をもつとされる。だけど、コーランの本文をもう少し深く読みすすめると、服装規定の矢面に立つのは女性であること

ニカブを身につけたX

がわかる。

「女性は慎みぶかく視線を下げて、陰部はだいじに守っておき、（中略）美しいところは人に見せぬよう。胸にはおおいをかぶせるように」とコーランは命じている。

　僕はイスラム教徒なので、ヒジャブを否定するわけじゃないけど（家族のほとんどの女性がヒジャブを着用している）、歯がゆいのは、女性が望んでいないのにヒジャブを着用させられることだ。サウジアラビア、イラン、インドネシアの一部では、ヒジャブ着用が法律で定められている。また、厳格なイスラム社会では、近親者以外の男性と面会するときは、すべての女性がヒジャブを着用しなければならない。僕は、ヒジャブの着用については義務ではなく、選択の自由が与えられるべきだと思っている。

　話をXに戻そう。NAS DAILYのミートアップで、僕はXと、彼女のまとっているヒジャブについて話していた。ちょうど9か月前、僕はフィリピンのイスラム教徒の女性にインタビューしたが、彼女はヒジャブによって「神を身近に感じることができる」と言っていた。僕はXに、同じように感じているのかと尋ねた。

「ぜんぜん」。彼女はきっぱりと言った。「私は髪を見せたいの」。

　Xは、13歳のときからヒジャブを身につけていると話してくれた。同級生はみな、髪を隠していて、彼女も同じようにしなければならないというプレッシャーを感じていた。両親が強制したのではなく、社会が強制したのだとXは言う。

「いったん髪を隠すとね」。彼女は続けた。「もう一度見せるのはかなり難しいの。問題になるから」。

また、モルディブでヒジャブを着用するのは現実的じゃない とXは言う。モルディブは暑くて湿気が多い。肌の上によぶん な服をまとうなんて考えられない。

　Xのジレンマと葛藤は、僕の心を強くとらえるものだった。 この聡明で自分の考えをはっきり述べることができる24歳のイ スラム教徒の女性は、携帯電話で話すことも、ボーイフレンド をつくることも、夫がいれば離婚することも許される宗教文化 のなかで暮らしていた。伝統的な宗教が現代社会に適応してい くなかで、これらすべての自由が認められることを人びとが望 んできた結果だ。だけど、ヒジャブをはずすことは、人びとに とっての「自由」ではなかったのだ。それは反逆であり、彼女 を危険にさらす行為だった。

「ぜったい引かれると思う」とXは言った。「でも、脱いでみ たいの」。

　僕はXに、NAS DAILYのカメラの前でそういうことをし てみたいかどうか尋ねた。登場時にはニカブ（目以外を隠す イスラム教の頭巾）で顔をおおってもいいこと、名前は明かさな いこと、さらに身元を隠すために場所が特定できない背景にし て撮影することを伝えた。また、ネット上で反発を受ける可能 性があることも伝えた。

「いいわ。やってみたい」

　そうして僕たちは、事にとりかかった。

　技術的には、この動画はそれほど複雑じゃない。ターコイ ズ・ブルーのニカブを身につけたXが、カメラをまっすぐに見 つめているシーンから始まる。背後には、明るい緑色のモルデ ィブの植物が広がっている。彼女はカメラに向かって話しかけ、

その後、カメラは浜辺を歩きながら携帯電話で話す彼女を追う。あごの下に手を伸ばし、ニカブの結び目を解く彼女の手をズームアップする。

　最後に、彼女は優雅にニカブを頭からはずし、はじめてその豊かな黒髪をあらわにしてくれた。僕が驚いたのは、その長さと艶やかさだ。まぎれもない美しさだった。彼女が髪に指を通しているところを横からとらえた瞬間がある。顔は隠れたままだが、ほほが微妙に上がっていることから、彼女が笑っていることがわかる。

　撮影後、僕はXの勇気ある行動に感謝した。連絡をとりあえるように電話番号を交換した。僕はホテルに戻り、動画の編集とナレーションの追加をおこなった。最後に、僕が重要だと思ったコメントを1行入れて、シナリオを締めくくった。

「これは、多くの女性のなかのひとりの話だ。彼女は、宗教的に成長したわけでもなく、後退したわけでもない。ただ髪を見

Xはニカブをはずし、豊かな黒髪をあらわにした

せたかっただけなんだ」

動画は朝の7時に投稿した。通常、僕は視聴者に対して、投稿に対する反応を指示することはない。だけど、今回は注意書きを入れておいた。

「これはデリケートな話題だ。とくにXにとっては。彼女の顔を隠し、匿名にしているのはそういうわけだ。この記事にはたくさんのコメントがつくと思う。でも、ひとつだけお願いがある。礼儀と敬意をけっして忘れないではしい」

反応は、ほぼ即座に、と言っていいほどだった。9000件以上のコメントが殺到した。僕のコミュニティの意見はおおむね肯定的なものだったから、まずはほっと胸をなでおろした。「Xさん、こんにちは」と書いたのは、アフリカ系女性のチチさん。「真実を語るのに匿名でなくちゃならないなんて残念です。あなたがどこのだれかはわからないけど、どうしても伝えたくて。私はあなたを愛しているし、あなたや、あなたと同じような境遇にあるすべての女性が、自由に好きなように生きられるべきだと、心から信じてるわ。ナイジェリアより愛をこめて」。

だけど、そのような声は長くは続かなかった。信仰に背くXを批判する人、イスラム教の儀式を擁護する人などがつぎつぎと現れ、そもそもこの動画をつくった僕を非難した。ある男性はこう書いた。「宗教はきみの小さな脳みそでは理解できないほど大きなテーマだ。きみはこの動画で馬脚をあらわした。幻滅したよ」。

つらかった。侮辱されたり罵倒されたりすることはよくあるが、この特別なテーマを扱う資格がないという言いぐさは卑劣であり、反則だ。「旅動画に専念しろ」「宗教問題に口をはさむ

な」──これらの誹謗中傷は、ようするに「知らない問題に安易に首をつっこむな」と言いたいわけだ。

こっちのセリフだ。僕はイスラム教徒だ。そしてアラブ人だ。この3日前の動画で僕は、ともすれば見すごされがちなラマダンの利点を訴えていた。

「考えてみてほしい。約20億の人びとが、この1か月間、よりよい人間になろうと努力し、謙虚さと忍耐を学び、飢えている人や貧しい人を思いやるべきだという思いのもとに、ひとつになっている。だから、みんなでお祝いしよう。これは、イスラム文化の重要な側面であるにもかかわらず、悲しいかな、メディアが悪い面にばかり焦点を当てるから気づかれないんだ。だけど、世界の24%はラマダンを祝ってる。ぜひ、参加してみてほしい」

それがいま、このクソみたいな状況だ。

だけど、Xの身の安全を考えると、誹謗中傷に対する怒りは二の次だった。恐れていたとおり、数日後にはメディアがなんらかの方法で彼女の故郷の居所を特定し、彼女は嫌がらせを受けるようになった。警察は、Xの母親を取り調べた。新聞は、質の低いタブロイド紙のように「Xは島を追われた」という記事を掲載しはじめた。事実無根なのに。

すべてが手に負えなくなった。そこで、僕は大元を断つことにした。この動画をモルディブ国内で視聴できなくしたのだ。自分の動画に地域制限をかけたのは初めてのことだった。「親愛なるNAS DAILYのコミュニティのみんなへ」。僕はFacebookでこう説明した。「この動画をモルディブで視聴できないようにしたのは本当につらいけど、この動画に登場する人

物を守りたかったんだ。どうかXに励ましのコメントを送ってほしい。この反響からもわかるように、これはとてもデリケートな話題だ。ちゃんと味方がいることをXに教えてあげよう」。

　何百もの新しいコメントが寄せられた。そのほとんどが肯定的なもので、憎悪に満ちたメッセージはやがて収まった。僕はモルディブで数日間の撮影をおこなったあと、スリランカに移動したけど、今回の騒動に対する悲しみはぬぐいきれず、人間性に対する不信感も残った。とはいえ、NAS DAILYを信じられなくなったわけじゃない。

　ふり返ってみれば、ほかにやりようもなかっただろう。動画をつくったことは正しかった。視聴制限をかけたのも正しかった。ただ、一部の人に、憎しみを助長させる道具として、この動画を使わないでほしかっただけだ。

　モルディブにいるあいだ、たまにXのようすを見にいくと、彼女は元気だった。僕はというと、1週間ほど憂鬱な気分が続いた。だけど、かつてコーランで目にした、とても好きだった一節を思い出したんだ。「寛容を示し、善いことに徹し、無知なる者を遠ざけよ」。

　僕はそのアドバイスを実践することにした。

紛争地域を訪れる

みんなに質問させてほしい。もしいま、だれかがきみの家のドアをノックして、「僕たちはISIS（「イスラム国」と自称するイスラム過激派組織）だ。いまからきみの街を占拠する」と言ったら、きみはどうする？　ドアを閉める？　それとも、「どうぞ、なかへ。コートを預かりましょう」って言う？　それとも、何をどうすればいいか、見当もつかない？

これは、なぜだか僕の頭にいつも浮かぶ問いだ。僕は、テロリズム、とくにISISの台頭につねに関心を向けてきた。あれほど残忍で、破壊的で、原始的なものが、なぜ世界のある地域において攻撃の拠点を築くことができるのか。なぜ、そうなったのか。どのようにして起こったのか。そしてもっとも重要なのは、それがだれにもっとも影響を与えるのかということだ。

難しい問題だけど、NAS DAILYで世界を旅しているあいだ、とくに紛争地域では、このテーマが付箋のようにいつも僕の頭のなかに貼りついていた。NAS DAILYは人間性をテーマにしているが、テロは人間性の暗黒面だ。だから、なんらかのかたちでこのテーマを取り上げなければならないと思っていた。

でも、どうすれば、それができる？　ガイドブックを手に街を歩いても「カフェ ISIS」なんて看板が出てるわけないよね。状況が変わるのを待つしかない。

そして、2017年8月、ISISの戦闘員がフィリピンのマラウィ市を占拠したとき、その機会が訪れた。

誤解されがちだけど、ISIS（イスラム国）はその名が示すような「国家（state）」じゃない。それは心のあり方（state）であり、みにくいイデオロギーだ。残念なことに、その強力な憎しみはシリアとイラクの何千人もの人びとにまたたくまに感染した。そして、2017年の夏までに、ISISはその狂ったような暴力の教義が伝播可能であることも証明していた。つまり、地球を1万4000km横断して、南太平洋に飛びだすほどの拡散力をもつんだ。

だからこそ、僕はマラウィに行った。ISISをまぢかで見るために行ったんだ。

482日目、僕の乗った飛行機はマニラのニノイ・アキノ国際空港に着陸した。7か月前、この国を初めて訪れたときに取り組みはじめた、メディア・カンパニーの立ち上げという名目もあった。今回の旅では、市街地の真ん中にある小さなホテルに宿泊し、そのそばに小さくてきれいなオフィスを契約した。前回、数人の仲間とマニラを物色して見つけた、手頃な価格の物件だった。メディア企業のメッカ、サンフランシスコで、ありきたりなAirbnb（部屋や家を貸したい人と、そこを借りて滞在したい人をマッチングさせる仲介サービス）を利用するのに比べると、格安ですんだんだ。

そのとき、友だちから電話が入った。マニラから800km南のマラウィ市で起こっている戦闘について警告するものだった。

戦闘の煙が立ちこめるマラウィの住宅街

　　マラウィの戦いの背景は複雑だった。このときマラウィは、
　　フィリピン政府軍と、ISISに忠誠を誓ったフィリピン人ジ
ハード主義者を含むイスラム過激派テロ集団とのあいだで、激
しい紛争の渦中にあった。僕たちが訪れる3か月前、ISISがマ
ラウィを攻撃し、占拠した。ISISの黒い旗を国会議事堂に掲げ、
平和なフィリピンのど真ん中にイスラム国家を建設すると宣言
したのだ。

　以前にISISについて知ったときは、反射的にイラクやシリア
のことを思いうかべ、その暴力と憎しみが南太平洋にまで広が
るとは想像もしていなかった。だけど、5か月におよんだマラ
ウィの包囲戦は、フィリピン近代史上もっとも長い市街戦とな
った。

　これまで武力紛争地を避けてきた僕にとって、マラウィへ行
くことは危険な賭けだった。数百人のゲリラが家や病院を略
奪・破壊し、カトリックの大聖堂や小学校や大学に火を放ち、

さらには地元の神父や教会の信者を人質にして、街を包囲していた。かれらはキリスト教徒を尋問し、イスラム教の聖典コーランを暗唱できない者を処刑した。僕はNAS DAILYの旅でこういう場所を訪れたことはなかった。というのも、母がすべての動画を見ていて、心配をかけたくなかったからだ。

　だけど、この旅は僕にとって重要なものだった。僕はNAS DAILYを、キャッチーなドローンによる空撮や楽しい観光動画の羅列にとどまらせたくなかったんだ。マラウィで苦しんでいるフィリピン人のエピソードを、ネット上の適当な記事の流用じゃなく、もっと視覚的に、もっとリアルに伝えたかった。

　友人のジェイに電話して、いっしょに行ってくれるように頼んだ。僕たちはフィリピン軍と連携し、取材許可証を手に入れて、南部のオザミズ市行きの飛行機に乗った。防弾チョッキを着用して、タクシーで2時間、多くの検問所を通過しながらマラウィに到着した。そこが目的地であることは疑うべくもなかった。地平線に空爆の煙が立ちこめ、銃声が響いている。

　僕がNAS DAILYのカメラに向かって話した回数はゆうに500回を超えていたが、このときは妙に気がひけていた。再生回数を上げるために、比較的安全な場所にいるくせに、アフガニスタンの地獄のような武力

僕はこの姿でマラウィに入った

紛争の最前線にいるふりをしている、インチキVロガーのように思われたくなかったんだ。

　ジェイと僕は規制を守り、政府軍が管理する安全地帯に留まっていた。とはいえ、そこはけっして安全じゃなかった。銃弾は飛びかっていたし、流れ弾を避けるためにつねに気を張っていなくちゃいけない。そのときの映像を見てくれれば、本当に危険だったことをわかってくれるはずだ。

　僕は、自分の気持ちをなるべく正確に視聴者に伝えようとした。

「僕がこんなことをしてるのは、キャッチーな1分動画をつくって再生回数やいいねの数を稼ぐためじゃない。そんなもの、このリスクには見あわない。僕たちは、いまこの街にいることが本当はどんなことなのかを見せたいし、絶望のなかにもあるはずの希望を見つけたいんだ。戦争は苦難や犠牲を生むが、同時に、愛や平和も垣間見せるものだから。うまくいくように祈ってて！」

「祈ってて」っていうのはおおげさじゃなかった。マラウィでの2日目、政府軍はISISの前哨基地を爆撃し、かれらと銃撃戦をくり広げた。僕たちはそのようすをカメラに収めた。街を歩くと、戦いの跡が生々しかった。市民のほとんどがムスリムで構成されたこの街は、かつての面影がまったくなく、廃墟となった家や、流れ弾の薬莢が散らばる空虚な街並みが広がっていた。紛争により、多くの人々が家を失い、死んでいったのだ。痛ましかった。18万人以上の平和なフィリピン人が家を追われ、死の危険にさらされていた。身近な人を失った人も多かった。かれらはISISを認めていなかったし、自分たちの街にISISが侵

建物に残る生々しい銃撃戦の跡

入して破壊されることも望んでいなかった。

　僕は、ISISの容赦ない戦いぶりに驚いた。だけど、同じくらい驚いたのが、そこにいた人びとの確固たる信念による反撃だった。マラウィでの2日目、僕はノロディン・ラックマン（通称ノル）に会った。彼は61歳、ムスリムの一族のリーダーで、元政治家だったが、わずか数か月前、まさかの成り行きで、紛争の矢面に立たされていたんだ。

　戦闘が始まったとき、彼は市内の自宅にいた。あわてて外に出てみると、近くの家で作業中の大工や工務店の人びとを見つけた。かれらを家のなかに入れ、使用人といっしょに安全な場所に移動させた。人数を数えると、ぜんぶで74人いて、44人がキリスト教徒だった。この家を出れば死が待っている。

　当初は、1日か2日で戦闘が終わり、みんなが安全な場所に避難できると思っていた。だけど、銃撃戦は終わらなかった。12日が過ぎ、ほかの地区からもさまざまな人びとが彼の家に避難してきていた。食料や物資は配給されていたが、水が尽きて

しまい、ノルは一か八か、覚悟を決めなければならなかった。ノルは念のために、キリスト教徒たちにイスラム教の祈りの言葉「アッラーフ・アクバル」（アッラーは偉大なり）を教えた。

　夜が明けたころ、かれらはそろって家を出て、数十人のキリスト教徒を自宅にかくまっていたもうひとりの地元の政治家と合流した。ノルは144人を率いて進んだ。マラウィのダウンタウンの通りに差しかかったとき、戦いの犠牲者たちの腐乱死体を目の当たりにした。女性はヒジャブで頭をおおい、男性は子どもを抱え、屋上にいるスナイパーを見上げる者はいなかった。地獄をくぐり抜け、ノルと恐怖におびえる避難民は安全な場所にたどり着くことができた。それは、最後の検問所（市外へのルートは過激派が封鎖していた）にいた過激派の兵士が、ノルをコミュニティの尊敬すべきムスリムのリーダーとして認め、一行を通してくれたからでもある。

　ノルにとっては、この大胆な救出劇は、なんのヒーロー譚でもなかった。メッカやカイロでイスラム教を学び、オサマ・ビンラディンの同級生でもあった学者であるノルは、「すべての人の命は等しく価値がある」というイスラム教の教えを守っただけだと主張した。

「コーランは、ほかの宗教を信じる者であっても、平等にすべての人間の一部で

ノロディン・ラックマン

あるとして、守るように説いている」と彼は教えてくれた。「イスラム教徒とキリスト教徒は宗教上の兄弟なんだ」。

翌日、マニラに戻った僕は、自分が体験したことをどのように表現しようかと考えた。で、自分でも驚くけど、僕は投稿した動画に「僕は戦争で笑った」っていうタイトルをつけた。ふざけてるわけでも、バカにするつもりもなくて、これが僕の正直な感想だった。マラウィには、さまざまな意味で驚かされた。

「戦場でまさかこんなことをするとは思わなかった、ってことをひとつあげるとすれば、それは笑顔を見せることだ」。僕はこう動画を始めた。「戦争のまっただなかであっても、笑顔になれる理由はかならずある。爆弾の音が背後に響き、煙が空に上がるなか、僕は数百メートル先にある地元の大学まで歩いていき、何百人もの学生が受講登録のために並んでいるのを見た。かれらは、戦場の真ん中であっても、教育を受けることを選んだ。それを見て、僕は笑顔になったんだ」。

僕は続けた。

「学生たちの多くはニカブをかぶっていた。つまり、教育を受けることを望むムスリムの女性だったんだ。それに気づいたとき、僕は笑顔になったよ。顔はおおわれていても、目もとを見れば、みんなが笑顔だってわかったからね。学長に会うと、翌週から授業開始なんだと言っていた。僕たちは笑顔を交わした。

たしかに、マラウィは戦争でほとんど破壊されてしまった。でも、だからこそ、そこに住む人びとの物語を伝えることに意味があったんだ。戦争で荒廃したどの町にも、ISISに扇動された戦闘員ひとりに対して、ただ平和に暮らすことを願う1万人

の市民がいるはずさ」

　この動画に対するFacebookの反応は、圧倒的にポジティブなものだった。なかでもテキサス州の若い大学生、アラナのコメントはうれしいものだった。「本当にありがとう。この動画は私の目を開いてくれた。人の見方ががらっと変わったよ」

　旅の512日目に僕はフィリピンを出発し、日本へと向かった。この文章を書いている時点ではまだかなってないけど、きっとまた、僕はこの国の土を踏む。温かい笑顔、フレンドリーな人びと、途絶えることのない希望──何が僕の心をとらえたかは重要じゃない。いずれにせよ、それはいまや僕の一部となっている。

　僕があの地を発ってから8週間あまりで、マラウィの戦いは終わった。政府が勝利したんだ。死者は、武装勢力978名、政府軍168名、民間人87名にのぼった。その後、街は再建され、ノルは英雄と呼ばれ、大学は開校し、そして平和が訪れた。
「もし、ISISがきみの家のドアをたたいたら、いったいどうする？」

　マラウィの人びとのなかで、僕はようやく自分の答えを見つけたんだ。

たったひとりの
男のために

地中海の、とある小さな都市にいたときのことだ。

僕は仲間のエーゴンといっしょに携帯ショップに入り、列に並んでいた。すると、後ろからふらふらと入ってきた男が、僕に声をかけてきた。彼はあきらかに酔っぱらっていて、エーゴンは僕たちを撮影しはじめた。何かが起こりそうな予感がした。

男性は僕に聞いた。「どこから来たんだ？」

「イスラエル、パレスチナ、そしてアメリカ」

僕は言った。まちがったことは言ってない。だけど、僕の答えは彼を怒らせた。彼は怒り狂い、支離滅裂な英語でわめきちらし、腕を振りまわした。

「ふざけやがって！　ぶっ殺してやる！」。彼は檻のなかの虎のように店内を歩きまわり、何かを罵る(ののし)たびに僕に歩みより、僕の顔に向かって中指をつきたてた。

「こいつ、パレスチナ野郎だぜ！」。エーゴンのカメラに向かって言いながら、僕をジェスチャーで示した。「おれはリビア人。カダフィ、知らねえか？　カダフィだ！」

カダフィの名を口にするたびに、彼は自分の胸を指でさした。

男は激しい怒りを僕にぶつけつづけた

突然、彼はエーゴンから離れ、僕に迫り、腕を振りかぶった。そのこぶしは固く握りしめられていた。エーゴンは撮影を止め、僕を守るための迎撃態勢をとった。僕は殴られるのを覚悟した。

　結局、彼は僕を殴らなかった。そのかわりに、さらに罵声をあげ、よろめきながらドアから出ていった。しばらくして、警察が到着した。

　もうおわかりかと思うけど、その男は移民であり、人びとが移民を嫌う理由をまさに体現した、危険そのもののような男だった。「移民は暴徒だ。気をつけろ」と人は警告する。たしかに僕もそう思う。あの男が僕を脅したとき、彼の体には暴力が渦巻いていて、顔は獰猛を絵に描いたようだった。僕は怖かった。そして、そのとき僕は移民を憎んだ。僕自身が移民なのに。本当に悲しいことだ。これこそが最大の脅威だと思う。危険なのはこの男だけじゃない。僕も、僕たちもそうなんだ。

　僕たちは彼を見て、こんなふうに言う。「あいつらはみんな同じだ！　なぜあいつらはああやって僕たちに危害を加える？

　僕たちがあいつらに何をした？　あいつらを追いだせ！」。言えば言うほど、僕たちはその言葉を信じこんでしまう。それが何度もくり返されるうちに、その考えは僕たちの心に深く根を下ろす。その陰湿なサイクルはえんえんと続き、ついには難民や戦争の犠牲者、ただただ寝るところがほしい人たちまで、すべての移民が敵になってしまうんだ。

「移民は国家にとって害悪だ！」と言ったリーダーがいる。「仕事を奪い、食べ物を奪い、命を奪う。経済にも悪影響を与えてるんだ！」

　経済に悪影響？　移民はアメリカを、そして世界の多くの国

を築いた。だが何世紀も経った今日では、世界がかれらに対する憎しみを募らせ、移民を禁止したり、強制送還したり、家族をバラバラにしたりしている一方で、かれらは世界の経済を回す労働力でありつづけている。

お昼休みに食べるサンドウィッチから身の回りにある電化製品まで製造し、店頭で僕たちに販売してくれる。また、複数の言語に通じた優秀な人材も多く、人種や宗教などの異文化を伝え、多様な視点や価値観をもたらしてもくれる。

にもかかわらず、僕自身、世界中の多くの場所で移民が困難にさらされているのを目の当たりにしてきた。

僕は、シリア難民が祖国での殺戮（さつりく）から逃れるためにギリシャに向かった船と、かれらが海岸に残した山のような救命胴衣を見たことがある。かれらが住んでいた収容所や、失った家族の写真を見たことがある。

僕はかれらとオンラインで話したり、直接会ったりして言葉を重ねてきた。家を持てている人も、隠れるように暮らしている人もいた。そのなかで感じたのは、移民であるかれらが望ん

移民たちが世界を築いた

でいるのは自分の人生を生きることだけだってことだ。

　だけど、海辺の小さな街の携帯ショップで、僕の脳はかれら
を、そう、移民すべてに恐怖を感じた。僕は自分と同じような
人たちを怖がるようになってしまった。たったひとりの男のた
めに。

　いつもこんな感じだ。たったひとりが、すべてをだいなしに
してしまう。泥酔して千鳥足になっていたあの男。僕たちは彼
に注目し、カメラを向け、憎しみを集中させる。そして、ただ
平和に暮らしたいだけの世界中の人びとを無視する。

　たったひとりの男のために。だけど、彼をそうさせたのは僕
たちだ。

僕はイスラム教徒失格?

　ここ数年、僕は「イスラム教徒失格だ」という批判を多く受けてきた。僕のFacebookページには、いつもひと握りの批判的な書きこみをしてくる人たちがいて、僕にコーランを投げつける準備をしている。

　世界のゲイ・ムーブメントの中心地であるサンフランシスコのカストロを訪れ、LGBTQコミュニティにおける自由を称賛したところ、「おまえはイスラム教徒失格だ」と言われた。ルーマニアからウクライナに行くとちゅうで1日だけたち寄ったプラハで、ビールを試飲したところ、「イスラム教徒失格だ」と言われた。セネガルにおける合法的な売春と、それに対する政府の援助を興奮気味にレポートしたときもしかり。僕のガールフレンドに矛先を向けるのもやめてほしい。

　僕はけっして信心深いわけじゃないけど、ムスリム失格ってわけでもない。僕はイスラム教のある部分は受け入れているし、ある部分については否定的。欠点はあるが素晴らしい宗教だと思う。

　僕は、宗教や思想については自由であるべきだと思っている。自分の信仰を他人に押しつけることはしないし、他人の信仰を批判するようなこともけっしてしない。だからこそ、同じように尊重してくれることを期待している。どんな信仰をもっていたとしても、僕たちが神に祈りを捧げるとき、その関係性は1対1だ。そんなもっとも個人的な対話をじゃまする必要があるだろうか？　多くの宗教がめざしているように、世界をよりよい方向に変えたいのであれば、反対意見をもつ人をたたくのではなく、自分が手本となって導くべきなんだ。

　僕の信条は、宗教的にもそれ以外の点でも、「生きること、そして人が生きるじゃまをしないこと」だ。これは、僕にとってつねに有益なことだ。1日の終わりには、預言者ムハンマドの言葉を思い出す。「もっとも優れているのは、自分の舌や手で他人を傷つけない人だ」。これは覚えておく価値のある言葉だ。

アメリカ●彼は空をめざした

　2016年7月16日、16歳のイザヤ・クーパーは、アフリカ系アメリカ人として最年少で飛行機を操縦し、アメリカ大陸を一周して歴史に名を残した。南カリフォルニアのコンプトン・ウッドリー空港を出発し、メイン州、ワシントン州、フロリダ州を経て戻ってくるというもので、総距離は12万8000km。イザヤの年齢と彼が育った環境を考えると、これは偉業と呼ぶにふさわしいものだった。

　コンプトンは、ラッパーやギャングなど、なかなか骨太な人物を輩出していることで有名で、実際、イザヤも思春期の初期にはあやしげな連中とつきあっていた。だけど彼にとって幸運だったことに、母親は彼を、都市部にある航空アカデミー（非行青少年を受け入れている）に入学させた。アカデミーの創設者であり、ハリウッドのスタントヘリ・パイロットでもあるロビン・ペトグレイブの指導のもと、イザヤは翼を手に入れ、学業の成績も飛躍的に向上した。僕がイザヤに初めて会ったのは、彼の偉業の1年後だった。彼はすでにつぎのチャレンジとして世界一周飛行を考えていた。この決意に満ちた若者の勝利は、たんなる記録更新や固定観念の打破じゃなかった。それは、人間の精神力の尊さを示すものであり、人はどこまでだって高く飛べるということを証明するものだったんだ。

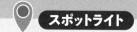

スポットライト
世界●世界一大きな（無料の）大学

　シャイ・レシェフは、64歳にして教育界に革命を起こした起業家だ。2008年、シャイはさまざまなデータ分析から、世界中で1億人の学生が、学力や意欲があっても大学に通えないことを突きとめた。理由は、学費が高くて払えないか、物理的に大学にかれらが入れる場所がないかのいずれかだ。シャイは、質の高い教育を受けられない人がいることにガマンがならず、シンプルな4つのステップでシステムを構築することにした。

　1―キャンパスをつくるにはお金がかかるので、オンラインで完結させる。2―教授を雇うとお金がかかるから、ボランティアを募って教えてもらう。3―授業料をとらないようにする。4―テキストをデジタル化して無料でウェブに載せる。学生にとって唯一の出費は、試験を受けるための100ドルだけ（それすらも、払えないなら払わなくていい！）。

　シャイはこれを「ユニバーシティ・オブ・ザ・ピープル」と名づけることにした。開始直後から、このアイデアはバズりまくった。ハーバード大学やニューヨーク大学の教授を含む7000人の学者がボランティアとして参加し、財団が資金提供に名乗りを上げ、世界中の何千人もの学生が、世界初の非営利で授業料無料の認定オンライン大学に申しこんだんだ。ティーンエイジャー、専業主婦、高齢者、ホームレスの人、シリア難民、大量虐殺の生存者など、教育を受ける余裕のない200か国の人びとだ。学生数が1万8000人に達すると、シャイは、1億人以上が利用できるシステムを構築すること、ゆくゆくは、教育を特権ではなく人権とすることをめざすようになった。

　シャイの言葉はこうだ。「ひとりの人間を教育すれば、ひとりの人生を変えることができる。だが、多くの人間を教育すれば、世界を変えることができる」。

第6章

先入観を
とりはらったさきに

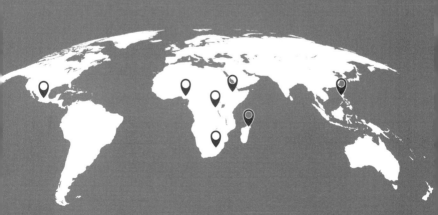

なぜ、われわれは
アフリカに目をつぶるのか？

1993年、写真家のケビン・カーターは、スーダン（現・南スーダン）のアヨド村にいた。当時、スーダンは内戦状態にあり、カーターは「オペレーション・ライフライン・スーダン」（OLS）に招かれたフォト・ジャーナリストのひとりとして、この地域の飢饉のようすを記録していた。この地域では、5歳未満の子どもの約半数が栄養失調で、毎日10〜13人の大人が餓死しているといわれていた。

カーターは村のはずれの草むらで、泣き声を耳にした。そして、食料配給所に向かう途中、空腹で倒れていたやせ細った幼児を目にした。赤ん坊のような小さな体で、おでこを砂地につけてうずくまっていた。カーターは、救援スタッフから「感染症の心配があるから触らないように」と言われていたので、写真を撮った。そのとき、1羽のハゲワシがフレームに入ってきて、少女の後ろに陣どり、まるで獲物を狙うかのように見つめた。カーターはもう一度、写真を撮った。

同月のニューヨーク・タイムズ紙に掲載されたこの写真は、数日後には世界中を駆けめぐり、新聞や雑誌、さらには支援団

ケビン・カーター撮影「ハゲワシと少女」　Photo by Kevin Carter/Sygma/Sygma via Getty Images

体の募金ポスターなどにも掲載された。この写真はピューリッツァー賞を受賞したが、いまでも世界に存在する苦しみの象徴であり、僕たちの怠慢を示すものでもある。

　この写真を初めて見たのは子どものころだ。そのとき僕はまだ13歳だったが、アフリカ全土がこのような状況だと思ったことを覚えている。貧困、危険、死——。正直に言うと、僕は大人になってもずっと、そんな思いこみをもっていた。

　部族間の争いや飢餓、独裁者の温床、テロリズムがはびこる忘れられた大陸、それがアフリカのイメージだ。だけど、アフリカについて見落とされがちなのは、その驚くべき統計にほかならない。地球上で二番目に大きな大陸（3030万㎢！）であり、1500以上の異なる言語を話す10億人の人びとが暮らす、文明発祥の地。

　NAS DAILY を始めたとき、自分がアフリカについて無知であることは承知していたので、変わろうと決意した。そして、3か国、4か国と訪れるにつれ、なぜアフリカの発展について書かれた本がこんなにも少ないのだろうと疑問をもった。

　たとえば、エチオピアは、ナイジェリアについでアフリカ大陸第二の人口を誇る国だけど、1億人いる国民の24％は貧困層に属している。きみも新聞やニュースで見聞きしたことがあるかもしれない。だけど、2018年の貧困率は、わずか20年前と比べて半分近くになっていることを知っていただろうか。知らない？　それじゃあ、政府による公共インフラや工業団地への公的資金供給のおかげで、エチオピア経済は毎年10％ずつ成長していて、地球上でもっとも急速に成長している国のひとつであることは？

この猛スピードの大躍進は、経済だけにとどまらない。政治についてもそうだ。NAS DAILYではじめてエチオピアを訪れてから約2年後の2018年2月、エチオピアでは近代史上はじめて首相が辞任し、改革を約束した後継者が誕生した。改革は実現した。旧態依然とした権威主義は廃止され、民主主義が推し

大きな変化のなかにあるエチオピアの人びと

進められ、政府の汚職は激減し、政治犯は釈放され、亡命していた反体制派は帰国し、隣国エリトリアとの20年におよぶ紛争もようやく終結したのだ。

そして、首相は女性比率50％の内閣を発足させ、国会ではエチオピア史上初の女性大統領が選出されたのだ。これほどのトピックが、なぜ、どの新聞の一面も飾らなかったんだ？

なぞと言うしかない。サウジアラビアで改革の花が咲きはじめたとき、とくに女性の自動車運転が解禁になったときは、世界中が喝采した。かたや、エチオピアが男女平等に向けての一歩を踏みだしたとき、どこに歓声が上がっただろう。たった半年で国全体が劇的によい方向に変化したのに、だれもそのことを語ろうとしない。こんなにも目に見える変化なのに。注目され、支持され、他の新興国の模範とされるべきものなのに。

僕が忘れられないのは、エチオピアの人びとの善良な心と強い志だ。干上がった湖のすぐそばの貧しい農村で、僕は何人ものエチオピア人に出会った。かれらは僕を家に招き入れ、食事を用意し、僕と──この本の読者のみんなと──同じような生活を送りたいんだと何度も言っていた。かれらは、教科書や『ナショナル・ジオグラフィック』で見たような、腰ミノをつけて戦化粧をした原住民とはまるで違っていた。ハリウッド映画で描かれるような、軍服を着てアビエイター・サングラスをかけた軍司令官でもない。かれらは、よりよい生活を求めて生きる生身の人間だった。

「大きくなったら、きみは何をしたいの？」。僕はハラール州の辺境の村に住む青年に尋ねた。彼は、僕の質問を聞くが早いか言った。「僕はハーバード大学に行くんだ」。

アフリカで出会った少年たち

　　夢の実現に向けて力を注いでいるのは、エチオピアだけじ
　　ゃない。73日目にナイジェリアを訪れたとき、ラゴスで出
会った若い起業家たちは、国内の優秀な人材を採用してプログ
ラマーやエンジニアとして育て、ナイジェリアがグローバル・
テクノロジーを牽引することをめざしていた。かれらのすばら
しい活動に目をつけたFacebookのCEO、マーク・ザッカーバ
ーグは、すでに25億円をかれらに投資し、今後10年以内に10

万人の若い技術者を育成させようとしていた。よほど有望なプロジェクトでなければ、だれもそんな大金を寄付しないことは、経済学者でなくてもわかる。

たしかにアフリカは課題をかかえている。僕もそれを目の当たりにした。604日目に訪れたアフリカ南部の小国、スワジランド（現・エスワティニ）では、息をのむような野生動物保護区や、驚くべき文化的歴史（15人の妻と23人の子どもをもつ王様が統治していることなど）に僕は横っ面を打ちのめされた。同時に、スワジランド人の4人に1人がHIVに感染していること、10人に7人が貧困にあえぎ、平均寿命が世界でもっとも短い国のひとつであることを知り（49歳だ）、心を痛めた。

マダガスカルも同様で、半世紀にわたる暴力的な独裁政権と軍事クーデターの影響を受け、国民の約80％が貧困層に属している。僕はその美しさに魅せられてマダガスカルを訪れたが、その悲惨な数字にがくぜんとした。

それでも、このような悲惨な現状が急速に改善されつつあり、エチオピアのような国が未来への道を明るく照らし、後に続く国を導きはじめていることを忘れてはならない。そして、アフリカだけではなく、世界の国ぐにがエチオピアから学んでほしいと思う。そうすれば、スーダンの飢えた子どもの痛ましい写真を見たとき、アフリカの過去を嘆くだけでなく、その未来に期待することができるだろうから。

※ケビン・カーターが撮影した写真についてだが、あの少女は一命をとりとめたものの、14年後にマラリア熱で死亡したことが判明した。カーターは、この歴史的な写真を撮影した翌年、みずから命を絶った。彼が残した遺書には「殺人と死体の鮮明な記憶、怒り、そして痛みが離れない」と書かれていた。

きみが見たことの
ないメキシコ

「ステレオタイプは人間性の前では力を失う」と、アメリカの作家、アンナ・クィンドレンは書いている。「私たち人間を理解するためには、1対1で向かい合うのがいちばんなのよ」。

僕は、いままでまったくその意見に賛同できずにいた。なぜなら僕はこの27年、型にはめられっぱなしの人生だったからだ。やれ頭のおかしいアラブ人だの、無神論者のパレスチナ人だの、テロリスト、技術オタク、ハーバードのエリート主義者、承認欲求のかたまり……、ふつうなら耐えられないんじゃないかってくらいにさまざまなレッテルを貼られてきた。

NAS DAILYの視聴者のみんなは、僕がステレオタイプなんて最悪だと思っていることを知っていたはずだ。だから、526日目、僕がメキシコシティへの到着記念の動画に、この国についての思いつくかぎりのステレオタイプを詰めこんだことに、みんなすごく驚いたんじゃないかな。

メキシコの国旗を振りながら、「ハラベ・タパティオ」(ググってみてよ、聞いたことあるはずだから！)を軽快に演奏するマリアッチ・バンドの前に立ってる僕。小さなトロのぬいぐるみを

抱えて、僕の横で踊るアリン。ある人はタコスを食べ、ある人はテキーラをショットで飲み、土産もの屋で売っているようなメキシカン・シャツを着て目隠しをした白人の女性が、ピニャータをたたき割ってお菓子を降らしている。ビバ・メヒコ！

　いやいや、おかしくなっちゃったんじゃないぞ。僕がメキシコに来た理由は、ステレオタイプのバカバカしさを訴えるためだ。麻薬の密売が横行し、アメリカへの不法入国は絶えず、武装した盗賊団が闊歩している――僕たちが毎晩ニュースで見るメキシコはそんな感じだ。だけどそれは、まったく実態をともなわない空虚なイメージだ。今回の僕のミッションは、メキシコがイメージとは正反対の、美しい文明の発祥地であることを探ることだった。

　つぎの日から僕は、ニュースではほとんど流れないメキシコの姿を見つけだすつもりだった。そのために、まずはメディアがこの国について語るときに好んで用いるステレオタイプに挑戦したんだ。

●ステレオタイプ——メキシコは世界の文化に貢献していない

　これはまちがい。メキシコは僕たちの生活に大小さまざまな貢献をしている。僕たちが知らないだけだ。お皿の上のシーザーサラダから、薬箱のなかの避妊薬まで。メキシコの力がなければ、世界はいまとはぜんぜん違うものになっているだろう。

　ほかにもたとえば、リビングルームのカラーテレビ、酒棚のテキーラ、メキシコ料理店で食べるワカモレ・ディップ、これらすべてにメキシコを象徴する赤白緑のロゴが入っている。冷蔵庫に入っている「スイス」のロゴ入りチョコレートも、3000

年前にユカタン半島の森で、「神々の食べ物」と呼ばれたチョコレートをつくっていた古代マヤが起源だ。「メイド・イン・メキシコ」には想像以上の歴史と広がりがあるのだ。

●ステレオタイプ──自国には仕事がないため、メキシコ人はアメリカに不法入国している

　近年、メキシコ人やその他の褐色人種を排除するために、アメリカの南側の国境に大きな壁を建設する必要があるという話がよく聞かれる。不法入国者が国境で深刻な問題となっていることは否定できないし、かれらが毎日命がけで不法入国を試みる理由は数えきれないほどある。だけど、メキシコには仕事がないという指摘はまちがっている。

　531日目、僕はメキシコのメヒカリを訪れた。メヒカリはバハ・カリフォルニア州の州都であり、ティファナにつぐ同州第二の都市だ。アメリカとの国境ぞいにある。僕の目的は、悪名高い国境の壁を自分の目で見て、その壁のメキシコ側での生活を探ることだった。

　まず僕は、ドローンを起動して、一部始終を撮影した。壁のこっち、つまりメキシコ側には、サウス・ロサンゼルスのように道路がせま苦しく碁盤の目のように並んでいた。アメリカ側には何エーカーもの豊かな農地が広がっており、ゴミゴミした家も車も見あたらない。少なくとも上空から見るかぎりでは、文字どおり「隣の芝生は青い」という感じだ。

　つづいて、もっとも不法入国がおこなわれているという、砂漠地帯のある場所に行ってみた。そこは、身を隠すものもない荒涼とした大地が広がり、太陽が激しく照りつけ、アメリカへ

の不法入国がいかに困難なものかを実感させた。砂地の一角に墓標がひとつ立っていた。飾り気のない白い十字架で、そこに眠る、望みを果たせず散った人物の名前が刻まれていた。その光景がすべてを冷徹に物語っていた。

　だけど、メヒカリのいくつかの農村に足を踏み入れると、アメリカの新聞ではあまり語られない物語が見えてきた。そこではなんらかの理由でアメリカに行けなかったメキシコ人たちが暮らしていた。捕まって送還された者、まだ一線を越えていない者、さまざまだ。だがかれらはなんと、ここで仕事を見つけていたのだ。国境の南にはチャンスがある。政府の補助金や新鮮な水を供給する水道のおかげで、地元の人も移民も、24時間体制で仕事に励んでいる。

　僕は、かれらとともに1日を過ごし、そのフロンティア精神に圧倒された。農夫の一団が新たに栽培した作物を収穫する隣で、別の人たちがヤシの木を植えている。メキシコでビジネス

メヒカリの砂漠地帯をつき進む

国境の農村で働く人びと

を始めるために移住してきたアメリカ人たちもいて、お金を稼ぎ、メキシコの太陽の下で人生を謳歌することを望んでいた。僕が話した現地の人びとはみな、仕事があることに感謝していて、あるメキシコ人の農夫は、巨大なデーツ（ナツメヤシの実）の箱を積み上げ、疲労をにじませながらも、「金鉱を掘りあてたぜ」と笑顔を見せた。

●ステレオタイプ──メキシコ人には愛国心がない

　2017年9月19日。そもそも何を撮ろうとしていたのか、まったく覚えてない。確かなのは、その日の午後1時14分、すべてが変わったということだ。その夜、僕の動画はこんな感じで始まった。

「やあ。今日、メキシコシティでマグニチュード7.1の地震が発生した。これはメキシコシティの歴史上、もっとも激しい地震のひとつだ。僕らのチームはみんな無事だ。でも、メキシコ

シティでは多くの人びとが、本当に危険な状態だ。飛行機が動いたら、すぐにメキシコシティに戻るよ。建物はすべて崩壊し、小学生を含む150人が亡くなり、まだ多くの人びとが救助を待っている。未曾有の災害だ」

　その日の映像をふり返ってみると、自分がいかにガタガタ震えていたかがよくわかる。目は充血してるし、声は叫びまくったあとみたいにガサガサだ。その後の数時間で、数字はさらに悲劇的なものになった。地震はプエブラの南55㎞の地点で発生し、周辺地域を激震させた。国内の死者は370人、負傷者は6000人以上と推定され、そのうち3分の2がメキシコシティにおけるものだったそうだ。

　翌日、僕はメキシコシティを歩きまわり、地震の被害状況や、被害者や行方不明者の救援活動のようすを撮影した。蒸気シャベルで石や瓦礫の山を削り、救助隊が人の気配を探る。路上には押しつぶされた車が連なり、作業員の声やサイレンの音が響きわたり、別の建物が倒壊したときにはさらに大きな悲鳴が聞こえた。人間の苦しみを目の当たりにすることは、最大の苦痛だった。

「たぶん、弟があそこにいる」。サージカル・マスクをつけた男性が、煙の立ちこめる鉄とコンクリートの塊を指さして弱々しく言った。その声は、言葉の途中でしぼんで消えた。

　だけど、あの日メキシコシティでは、地震よりも強い何かが現れていたんだ。それは「人間性」だった。最初の恐ろしい揺れからわずか数時間で、街はただの災害現場から、すでに、希望に満ちた避難場所へと変わっていたのだ。

　歩道には仮設テントが張られ、家が破壊された人びとに居場

2017年9月20日、大地震発生翌日のメキシコシティで

所を提供していた。歩行者はバケツリレーをして、瓦礫の山を掘り起こしている救助隊に物資や水を渡していた。ある女性は、作業現場に車を停めて、チキンや米、豆などを並べたビュッフェ台を設置し、移動式レストランのように救急隊員たちに食事を提供した。また、地元の人びとは自分の車で大通りを巡回し、車が必要な人には無料のタクシーサービスを提供していた。

その日の夜、この動画をFacebookに投稿したところ、何千人もの視聴者から、熱い支持が寄せられた。とくに、メキシコ人自身からのコメントが、僕の心を強く揺さぶった。ひとりは、こう寄せた。

「俺たちメキシコ人の真の力を見たか！　力を合わせたときの俺たちは、ひとりのときよりもずっと強い。俺は自分の民族を心から誇りに思う！」

正直に言うと、僕はこの国についてほとんど何も知らずに到着し、そんなに何かを期待してたわけじゃなかった。新聞は、そこは危険で絶望的な場所だとくり返す。でも僕は、メキシコに来てすごく成長した実感がある。2週間後、僕はメキシコをあとにしたが、そこで見聞きしたものは僕を変えてくれた。怒りの政治を乗り越えて自分の仕事に誇りをもっている国境地帯の農夫や、未曽有の大災害に見舞われた街を救うために団結した人びとなど、この国は、僕の薄っぺらい先入観なんてかんたんに打ち砕き、メキシコ人の美しさに目を開かせてくれたのだ。ビバ・メヒコ！

赦し、正義、
そして未来へ

ルワンダ、398日目

「この動画を見終わるころには、7人の人が亡くなっているだろう。7人だ。わずか23年前、ここルワンダでは、わずか100日間で100万人以上が亡くなった。全世界が傍観しているあいだに、ルワンダは死んだ」

　こんなふうに、僕は自分のアンテナを完全にすりぬけていた国についての動画をスタートさせた。2017年5月、僕は人生で初めてルワンダの土を踏み、この国について何も知らないということを、はっきりとうちあけるところから始めたんだ。
「なんてこった！」。中央アフリカの五大湖地域に位置する亜熱帯の小国から送った最初の動画で、僕はこう言った。「時差ボケで目が覚めたら、びっくりだ！　ぜんぜん知らない国にいるよ！　ルワンダだ！」

　僕がめざしたのは、人びとをとおしてこの美しい国をより深く知ることだった。ルワンダの人びとを知るためには、1994年に起きたツチ族に対する大虐殺という、ルワンダ史上最悪の悲劇を理解する必要がある。

　1990年、ルワンダで内戦が勃発した。その中心となったのは、

約30年前にこの国がベルギーから独立した当時から対立していた、フツ族とツチ族だ。この戦争は、多数派であるフツ族系の政府と、数十年前に国を追われたツチ族の難民が中心となって結成したルワンダ愛国戦線との戦争となった。

戦争初期には両派のゲリラ戦がくり広げられ、その後、和平協定が成立したが、暫定的なものだった。1994年4月6日、フツ族の大統領が乗った飛行機が撃墜され、大統領と隣国ブルンジの大統領が死亡した。暗殺を命じた者も実行した者もまったくのなぞだったが、報復の動きは止められなかった。翌日から99日間、フツ族による大量殺戮がおこなわれた。このとき、、100万人のルワンダ人が死亡したと推定され、ツチ族の全人口の約80%が消滅したといわれている。

大虐殺は、残忍かつ迅速におこなわれた。政府軍の一部、民兵、警察は、ツチ族の主要な指導者とその支持者を計画的に処刑した。バリケードを築き、検問所を設置し、身分証明書を発行した。殺戮者たちは、相手の年齢や性別に関係なく、大人も子どもも無慈悲に切り捨てた。夫が自分の妻を、民族が違うという理由で殺した。また、政府軍はフツ族の民間人を募り、隣人のツチ族を強姦したり、傷つけたり、虐殺したり、家を破壊したりさせた。使用する武器には、なんの制限もなかった。ナタや棍棒が、血まみれの大虐殺の武器の大部分を占めていた。

虐殺が続くようすに世界中が恐れおののき、アメリカと国連は「手をこまねいていた」と非難された。7月4日、ツチ族系のルワンダ愛国戦線が首都キガリを占領して政権を掌握し、200万人のルワンダ人（そのほとんどがフツ族）を近隣諸国に追いやったことで、殺戮はようやく終わりを迎えた。

現在、ルワンダでは、1994年の大虐殺を追悼する日と、その後の解放を祝う日のふたつの祝日が設けられている。

あの暗黒時代の非人間性と、そこから生まれた人間性について、僕に知見と感銘を与えてくれたのは、まさにその大虐殺を生き残ったルワンダの人びとだった。

キガリに来て3日目、僕はエルネスティンという女性を紹介された。彼女が語る大虐殺の記憶は、身も凍るようなものだった。エルネスティンは、街なかで見かけてもとくに目立つ存在じゃないかもしれない。平均的な身長で、短く刈り上げられた髪と快活な笑顔をもつ彼女は、分厚い黒メガネをかけ、大学教授のような雰囲気を漂わせている。だけど、もう少し目を凝らすと、彼女の首に12〜13cmの傷跡があるのがわかる。この傷が彼女の経験を物語っている。

エルネスティンは、フツ族の兵士が村を襲撃した1994年のあの日のことを話してくれた。彼女と家族は教会に身を隠し、必死に祈ったそうだ。残念ながらその祈りは届かず、エルネスティンの家族6人は彼女の目の前で殺された。

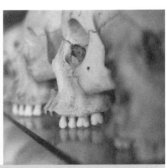

虐殺の犠牲者を追悼する

エルネスティンは、自分の身に起きている残虐行為に気づくのがやっとだった。それは悪意に満ちた暴力だった。彼女は首にナタを突き立てられ、両手を後ろ手に縛られ、川に投げこまれた。死を待つしかない状況だ。

兵士たちが村から去ったあと、エルネスティンはなんと、岸にたどり着いた。死しかない状況から生還したのだ。そんなことがありうるなんて、奇跡としか言いようがない。だが彼女がそのあと話してくれた内容は、それをしのぐものだった。国が解放され、生活をたて直そうとしたエルネスティンは、自分の家族を殺し、自分をも殺そうとした兵士たちと和解したのだ。

彼女はそのひとりを僕に紹介してくれた。彼はパトリックといい、あの日、彼女の村を襲い、教会を銃撃した者のひとりだった。解放後、彼はルワンダに設置された法廷で虐殺の罪を認め、刑務所に収監された。釈放後、彼は贖罪（しょくざい）として、被害者に赦（ゆる）しを求めた。耐えがたい心の傷にもかかわらず、エルネスティンはパトリックに赦しを与えた。そして、自分の結婚式にも彼を招待した。

NAS DAILYのために世界を飛びまわった1000日間に見聞きしたもののなかで、頭を殴られたような衝撃と深い感動を覚えたのは、数えてみればほんのひと握りだけど、そのひとつが、まさにこれだ。カメラのファインダーごしにエルネスティンとパトリックがソファに座り、彼の腕を彼女の後ろにまわして、古くからの親友のように話し、笑っている姿を見て、「赦しは正義に勝る」と確信した。

中東で育った僕は、「正義」という言葉を振りまわす日常のなかにいた。イスラエル人もパレスチナ人も、つねに正

エルネスティン（左）とパトリック

義を求めていた。70年前の大虐殺に対する正義。不当な扱いを
受けた人びとへの双方の正義。とくにパレスチナ側では、こう
した声が年々、高まっていた。この国のよりよい未来は、正義
が果たされるかどうかしだいだと、人びとは思いこみはじめて
いたのだ。

　このような単純化された正義の概念は、難局にある国に特有
のものじゃない。ハリウッド映画なんかを見ればそれが顕著だ。
どれだけ多くの映画で正義が理想化されて描かれてる？　人は
正義を求め、正義のために戦い、そして正義は果たされる。

　問題は、正義を実現することは不可能だってことだ。ルワン
ダでの経験から僕が学んだのは、ときに国にとっては、過去の
賠償にこだわるよりも、未来のために努力することのほうが重
要だということ。エルネスティンは、家族を殺した犯人に正義
を与えたんじゃない。赦しを与えたんだ。

　慈悲を与えたのはエルネスティンだけじゃない。ルワンダの
大虐殺のあと、何百万人もの生存者が家族を殺した犯人を赦し、

国家統一と和解の取り組みのもとで、国の傷を癒し、よりよい国をつくることをめざした。それから25年がたち、ルワンダが「アフリカの心臓」と呼ばれるまでになったのは、そうした努力の賜物だ。この旅では、その素晴らしい発展ぶりを目の当たりにすることができた。

僕は、驚くほどきれいなキガリの街なみを撮影した。道ばたで寝てもなんの問題もないほど、清潔で安全な街だった。

僕は動画で、ルワンダの国家政策において、ジェンダー平等と女性のエンパワメントを保証する政府機関であるジェンダー・家族促進省のおかげで、同国における女性の地位が向上していることを報告した。

僕は、キガリで毎年開催されるトランスフォーム・アフリカ・サミットに参加したが、ルワンダの旗の下に団結した若者たちが、この国をさらに明るい未来へと導くテクノロジー企業をつくるために懸命に努力していることに圧倒された。かれら

首都キガリの上空から

は底なしの才能の宝庫だった。

　2018年10月、ルワンダのポール・カガメ大統領は、「ヒューマンズ・オブ・ニューヨーク」（個人のフォトブログから始まり、いまや一大メディアとなっている）の創設者ブランドン・スタントンと対談し、破滅寸前の状態からの、この国がたどってきた軌跡をふり返った。大統領の雄弁さと人間性の深さに、僕は心から感動した。

「あまりにも大きな罪にさらされたとき、正義を追求するにはどうすればいい？」。カガメは問いかけた。「100日で100万人を失うには、同じ数の加害者が必要だ。だがそのすべてを罰するようなことをしたら、やがては全国民を投獄することになる。唯一の道は赦すことだった。生存者たちは、赦し、忘れることを求められた。正義よりも、ルワンダの未来が大事だった。生存者には大きな負担を強いることになった。だが一方で、加害者には何を求めればいい？　謝罪の言葉？　そんなものでは、失われた命は戻ってこない。赦しだけがこの国を癒すことができる。重荷は生存者に背負ってもらうしかなかったのだ。なぜなら、だれかに何かをしてやれるのは、かれらだけだったのだから」。

　僕はルワンダに7日間滞在したが、そのときに僕が持ち帰ったもの、そしていまでも持ちつづけているものは、ルワンダの人びとが発している、希望に満ちたメッセージだった。僕はそれを視聴者のみんなに伝えた。「ルワンダの人びとが家族の命を奪った人びとを赦したように、僕たちはどんな相手でも赦すことができるんだ」。

フィリピン●顔をおおった彼女

アリーシャと出会ったのは、ISISとの戦闘が続くフィリピンのマラウィを訪れたときだった。危険地域から5km離れた場所に、この状況下でも運営されている大学があることを知り、訪ねたんだ。キャンパスを歩いていると、「あなたの動画、いつも楽しみにしてるわ！」って声をかけられた。それがアリーシャだった。こんなにものおじしない、ニカブを着用した女性に会ったのは初めてだったので、僕は一瞬固まってしまった。

アリーシャは37歳で、まだ結婚はしていないという。大学で仕事をもっていて、驚くほど進歩的だった（「私にはゲイの友だちもいるのよ！」と自慢げに話していた）。彼女がニカブを着用するのは、神を身近に感じられるし、化粧を気にしなくてもいいなど生活がシンプルになるからだそうだ。多くの西洋人同様、僕もニカブを抑圧的なものとしてとらえている。だけど、アリーシャは違った。「イスラム女性の権利のために戦ってくれている人が大勢いるけど、これも私の権利だということを忘れないでほしい。私は自分で選択してニカブを身につけているの」。

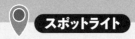

アメリカ●1ドルの顕微鏡

きみが貧しい国に住んでいて、村の小川の水を飲もうとしているとしよう。でもその小川の水は、何十億ものバクテリア、ウイルス、その他の微生物で汚染されているかもしれない。それを確かめるには、2000ドルもする顕微鏡を手に入れるしかないが、そんなことはできない。では、どうすればいいんだろう?

スタンフォード大学の天才コンビ、マヌ・プラカッシュとジム・サイブルスキーは、2000倍まで拡大できる顕微鏡を発明したが、その費用はわずか1ドル。開発途上国に低コストの科学ツールを提供する「フルーガル・サイエンス」の新しい試みだ。その折り紙式顕微鏡「フォールドスコープ」は、ほとんどが紙でできていて、組み立てるのがとても楽しい。各パーツを台紙から切りとり、それらを折りたたみながら組み合わせていくと、牛乳のなかのバクテリアや植物に寄生する小さな虫など、新世界の住人に出会える扉が開く。強度も高く防水仕様のため、踏んでも水につけても落としても、めったに壊れることはない。これが製造コスト1ドルでつくられているんだ。そこでマヌとジムは50万個のフォールドスコープを製造し、世界中に送った。「けさ目が覚めたら、インドの村で子どもたちがミクロの世界を探検している写真が携帯電話に入っていたんだ。こんなことが毎日起こっているんだよ」とマヌは言った。貧しい地域の医師たちは、狂犬病やマラリアなどの病気から患者を守るために、すでにフォールドスコープを使用している。これこそがミッションの核心だとジムは言う。「世界中のだれもが科学に親しめるようにすることこそが重要だ。これでだれもが小宇宙を探索できるようになったよ」。

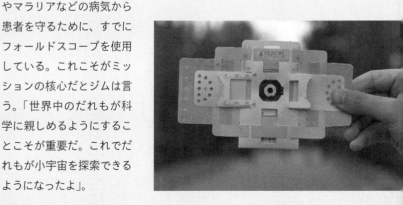

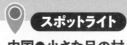

中国●小さな足の村

　もし、小さすぎる靴をはかされたとしたら？　痛くてすぐに脱いでしまうだろう。きゅうくつな靴はだれだって嫌いだ。だけど、僕が中国雲南省の小さな農村で出会った女性たちには、そんな選択の余地はなかった。彼女たちは、その時代の習慣によって拷問のように小さな靴をはかされていたのだ。

　これは纏足（てんそく）と呼ばれるもので、1912年に非合法化されたが、それまで中国で10世紀にもわたって続けられてきた。足を小さくすることは、女性の優美さや高貴さ、さらには官能性を示すと信じられていたからだ。だけど、代償は大きい。幼いころから足を布できつく縛り、指を内側に変形させ、成長しても、長さ10㎝の靴に収まるサイズにしていくのだ。中国には、最後の纏足世代とされる女性が500人は生存しているといわれている。取材した95歳の女性が靴を脱いで見せてくれた足は、たしかにひどく変形していた。通訳を介して話してくれた彼女は、危険な風習を生き延びたことを誇りに思っているようだった。僕は悲しい気持ちになりながらも、旧時代の悪習が消滅することに感謝の念を抱き、この村をあとにした。

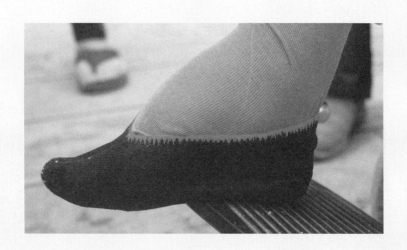

第7章
ある未来の
つくり方

つねに
一歩先を行く国

「僕はシンガポールが大嫌いだ」

マレー半島の先端に位置する、優雅で美しい島国。この小国への2週間半に及ぶ再訪の旅の動画を、僕はこんな言葉で始めた。

なぜシンガポールが嫌いだとか言ったのかって？ それは……、嫉妬してるからだよ！

1819年、シンガポールはイギリス東インド会社の商館建設の地とされた。その後、オランダ商人に対抗するために、インド亜大陸を植民地化したイギリス領インド帝国という王冠のなかの宝石となった。だけど、1963年、シンガポールはイギリスの占領者に反抗し、植民地化されたほかの兄弟国とともに、マレーシア連邦を設立した。その2年後、政治的・経済的な対立のすえ、シンガポールはマレーシア議会によってマレーシアから追放され、主権国家として独立し、半世紀にわたる発展をとげ、僕が考える現代の主要国のモデルとなったんだ。

シンガポールに行ったことがない人でも、写真を見れば、そこがとんでもなく素晴らしい都市らしいことはわかるだろう。

シンガポールの昼と夜

きらびやかなタワーやスカイ・ブリッジが連なり、まるで未来
都市にタイムスリップしたみたいだ。

　コンパクトな国土をいかして、手つかずの自然のままの公園
と整備された高速道路がすぐ隣に同居している。まばゆいばか
りの港は、夜になるとあらゆる色のライトアップがほどこされ、
ディズニーランドの住人たちが見たら、うらやましくてしょう
がないだろう。巨大なショッピングモールは、それじたいがひ

とつの国を形づくっているかのようだ。

僕にとってシンガポールの特筆すべき点は、この国がアジアの人種のるつぼになっていることだ。中国、マレーシア、インドという、まったく異なる3つの文化圏の人びとが極小島国に集まり、おたがいの独立性を尊重しながら、ハイテクで理想的な楽園をつくりあげている。そんな場所は地球上でここだけだ。

僕があれこれ説明するよりも、自分でググってもらうほうが早いかな。ウィキペディアによれば、シンガポールは、教育、エンターテインメント、金融、ヘルスケア、イノベーション、製造、テクノロジー、観光、貿易、輸送における世界的なハブで、「もっとも技術的に優れた国」「もっともスマートな都市」「もっとも安全な国」として評価されている。

個人的な経験から言うと、シンガポールは、僕がこれまでに訪れたなかで、空港でトラブることなく歓迎を示してくれた（と感じた）数少ない国のひとつだ。シンガポールでは、文化や人種、伝統というのは尊重されるべきもので、個人を攻撃する材料にされるものじゃない。ムスリムでありアラブ人である僕にとって、これはとても新鮮だった。

シンガポールは法律が厳しいんじゃないかって？　それはそのとおりだ。チューインガムを売ることはいまでも違法だし、飲酒や乱暴な行為、偽造IDの使用、ゴミのポイ捨て、おしっこをしたあとにトイレを流さないこと、公務員への公務執行妨害なんかも違法だ。1994年には、18歳のアメリカ人が車上荒らしや道路標識の窃盗の罪を認め、公開でのムチ打ち6回を宣告されたという、ちょっとした国際的な事件もあった。うーん、

痛そうだ！

とはいえ、シンガポールの成績表はとても優秀だ。だから
僕は、NAS DAILYの865日目に2回目の訪問をしたとき、
むしろこの完璧さを徹底的に掘り下げてやろうと決めたんだ。

完璧さ・その1は、空港を出るまえに早くも体験できた。5
階建て、13㎢のチャンギ国際空港は、年間6200万人の旅行者
が利用する国際的なハブ空港──というよりも、壮大なレジャ

ここが空港のなかだって、信じられる？

ーランドだ。チェックイン後に時間があれば、空港内を自由に散策してみたらいい。サービス完備のプール、映画館、博物館、ひまわり園やチョウ園、巨大なオレンジ色のアスレチックネット「シャンデリア」や巨大な滑り台を備えたアスレチック施設、美容院、自動水洗トイレ、快適なスリーピング・ラウンジ（ホテルサイズの本物のベッドつき！）、世界各国の料理からヤンキースタイルのクリスピー・クリーム・ドーナツまで味わえる数えきれないほどのレストラン、膨大なUSBドッキング・ステーションなど、その充実ぶりには目をみはる。

ほかの国なら5つ星クラスの豪華さを誇る中級ホテルに荷物を下ろすと、アリンと僕はシンガポールの成功の秘訣を探るため、すぐに外へ飛びだした。探索の手始めに、まず僕たちはシンガポール本島の南に位置する、ロマンスを絵に描いたような島、セマカウ島を訪れた。花が咲きみだれる緑の野原、ヤシの木が立ちならぶ滑らかな白いビーチ——本島と切り離されたこの離島は、午後のピクニックには最適だった。

だけど、このステキな聖域は、ほとんどがゴミ処理地だって言ったら、信じられる？　じつは、小さく美しいセマカウ島は、シンガポール人がゴミを運んでくる場所なんだ。当局は本島でゴミを集め、燃やし（汚染物質が出ないように煙を入念に濾過する）、灰を集め、黄色の大きなトラックに積みこみ、景観のよいこの小島に輸送して、慎重かつ巧妙に設計された格納プールの浄水に流し入れる。ゴミは悪臭を放たず、環境は損なわれず、野生動物は自由に歩きまわり、サンゴ礁は保全されている。実際、このゴミ処理場はとても衛生的で、ほんの30mほどのところには、食べても100％安全な魚の養殖場があるし、婚約したばか

りのカップルが結婚式の写真を撮りにやってくるほどの景観だ。

シンガポールでは、不要になった食品の処理にも気をくばっている。873日目、僕は動画の冒頭で、一見、なんの問題もないように見える野菜の箱に座っていた。たしかに、セロリは少ししなびていたし、バナナは少し傷んでいたし、赤ピーマンは少し輝きを失っていた。だけど、必要としている人にとっては、完全に健康的な食べ物で、むしろごちそうだ。僕は言った。「信じられないかもしれないけど、これはぜんぶゴミなんだ。この野菜や果物が食べられないからじゃなくて、見た目が悪くて売れないからなんだ」。

残念なことだけど、これは事実だ。食品廃棄は世界中で大きな問題となっている。アメリカだけでも、食品の40％が売れ残っている（売れずに捨てられる）。その理由の多くは、小さな傷があったり、色が少し悪かったりするだけ。企業側からすると、困っている人に寄付するよりも、捨てるほうが簡単なんだ。

だけど、シンガポールでは、毎年80万トンも出る廃棄食品をなんとかしようと、食品寄付センターが精力的に活動している。「フードバンク・シンガポール」は、200以上の慈善団体と協力して、食料品店から熟しすぎたメロンや青みがかったトマトを集め、見た目を気にしない人たちに再配布している。僕は慈善団体のひとつである「SGフード・レスキュー」に参加し、1日で1.5トンの野菜を集めた。

「人間と同じように、重要なのは外見じゃなく中身だ」。僕は視聴者に訴えた。

シンガポールのリサイクルは食品だけにとどまらない。政府機関は水にもこだわっている。たとえば、もしきみがい

きなり僕をつかまえて、「キンキンに冷えたおしっこをごちそうするよ」なんて言いだしたら、「あ、こいつヤバいやつだ」って思って、僕はいちもくさんに逃げだしただろう。だけど、じつはこの国で僕が飲んでたミネラルウォーターのボトル、その一滴一滴は、たぶん一度はトイレを流れていたものだ。

待って待って、吐き気をもよおすまえに、僕の話を聞いてくれ。まわりを太平洋に囲まれているとはいえ、この国はつねに淡水不足に悩まされている。マレーシアから輸入される水は、国内の水需要の30%にすぎず、島内の貯水池から供給される淡水も同じく30%程度だ。だが貯水池の増設は、小さな国にとっては大変なことだ。そこで2003年、シンガポールは世界的なトレンドにのっとって、下水や廃水を新鮮な飲料水として供給する試みを始め、現在では毎日7万トンをゆうに超える「ニューウォーター」と呼ばれる水を生産している。

僕はシンガポールにある4つの浄水場のうちのひとつを訪れ、

見学で訪れた浄水場

そのプロセスを自分の目で確かめた。洞窟のような倉庫のなかには、タンクやタービン、鮮やかな青に塗られたパイプが複雑に張りめぐらされており、ベストと白いヘルメットを身につけた作業員が、汚水を分子レベルで浄化し、市販のミネラルウォーターよりもきれいな水をつくっている。安全と判断されるまでには、15万回の水質検査がおこなわれる。これはけっして簡単なことじゃないが、シンガポールがいかに正しいことをしているかを示すひとつの例といえるだろう。

シンガポールでの滞在中、僕はこの国がその魅力をどのように維持しているのか、網羅的に検証していった。たとえば、パスポートは日本についで世界第2位の強さを誇り、189か国へのビザなし渡航が可能だが、それは、シンガポールが他国を侵略したり占領したりすることに興味がなく、近隣諸国と仲よくすることで国民の生活を豊かにしたいと考えているからだ。

シンガポールは、僕がいままで見たなかでもっとも交通渋滞が少ない国だ。それは国内の自動車の総数と、市内中心部に流入する車両の総量を制限するシステムが徹底されていることと、公共交通機関が整備されていることがおもな理由だ。また、シンガポール人は駐車場でのマナーにも細心の注意を払っていて、限られた駐車スペースをできるだけ多くの車が使えるように、駐車スペースを示す白線の枠内ギリギリまで後輪を寄せて、ほかの人が駐車しやすいようにしてあげるのだ。

そしてもちろん、人びとは、これ以上ないほど親切で人柄がいい。ほんと、世界中の人間がかれらを見習うべきだよ。僕はこの滞在中に、シンガポールのことを「ほぼ完璧な国」と呼ぶ

ようになった。ほぼ、というのは、もちろん問題もかかえているからだ。映画『クレイジー・リッチ！』で描かれたセレブの国というイメージとは裏腹に、シンガポールの人びともまた、所得格差や物価の高さに悩まされている。シンガポール人の平均的な収入は、生活するには十分という程度で、壮大なタワーを建設する人びとは、時給わずか1.9ドルの外国人労働者が中心で、国内の高齢者の42%は退職する余裕がない。

　だけど、シンガポールが世界のほかの国ぐにと異なるのは、半世紀以上前に自己改革キャンペーンを始め、その勢いが衰えていないことだ。

　テキサス州オースティンとほぼ同じ大きさのこの国では、560万人ものさまざまな文化の人びとがとなりあって暮らしてるけど、おたがいの違いについて憎みあうんじゃなく、調和して暮らすことを決めている。親が子どもに、武器よりも教育を与えることを重視している。ルールや規則に少しこだわりがあるかもしれないが、いちばんのルールである「寛容と受容」を固く守っている。みんなが失敗から学ぼうと努力していて、それが実現すれば、世界のほかの国ぐにがお手本としてくれる。だからこそ、シンガポールのパスポートは強く、港は世界で2番目に忙しく、水はきれいで、空港は大きく、埋立地もきれいで、人びとはフレンドリーなんだ。

　リー・シェンロン首相は、満面の笑みを浮かべ、「仕事中なんだがね」と言いながらも動画に登場してくれた。彼は誇らしげに語ってくれた。「これはわれわれがシンガポールで53年間かけてつくってきたものだ。これからもずっと、つくりつづけていくつもりだよ」。

やっと自由に

　2017年11月29日、僕はとてもいい気分だった。NAS
　DAILYが600日目を迎え、動画の再生回数が4億5000万
回を突破したんだ。毎日1本の動画を欠かさず投稿するという、
1年半前に思いつきで始めた妄想が最高に盛り上がってきてい
て、これを祝してとあるパーティーに参加する予定だった。

　そのパーティーはすでに始まっていた。1600万人が参加する
パーティーだ。もちろん、僕やNAS DAILY、SNSでつながっ
てるだれかのパーティーなんかじゃぜんぜんない。ほんの数日
前に、37年以上もこの国に圧政を敷いてきた独裁者を追い出し
たジンバブエの、国を挙げてのお祝いだった。

　アフリカ大陸の南部に位置し、ザンベジ川とリンポポ川の優
美な曲線にはさまれたジンバブエは、見事な野生動物の生態と
フォトジェニックな景観で知られている。また、ジンバブエの
繁栄と悲劇の道のりは、アフリカにおける歴史の縮図でもある。
千年ものあいだ、ジンバブエはさまざまな王国や政府の管轄下
にあり、金、象牙、銅などの豊富な天然資源で栄え、それらを
求めるヨーロッパやアラブの商人や貿易業者から羨望の眼差し

を向けられていた。同時に、ほかのアフリカ諸国同様、略奪と植民地化の歴史をたどってきた。

　1965年に少数派の白人政府が独立を宣言、ローデシアと名づけられたが、人種差別政策によって紛争が起き、15年間にわたって世界から孤立し、ゲリラ的な反乱が起きた。1980年には黒人であるロバート・ムガベが政権を握るが、30年以上にわたる長期政権のなかで、経済的衰退、階級闘争、人権侵害の無限のスパイラルにおちいった。だけど、僕の飛行機がジンバブエの地に降り立つ12日前の2017年11月15日、全国規模のデモと国軍によるクーデターにより、ムガベ独裁政権についに終止符が打たれ、この国の人びとは熱狂したんだ。

　僕が首都ハラレに到着したとき、ジンバブエの人びとは、まだ喜びに沸きたっていた。

「ジンバブエへようこそ！」。地元の人びとが僕のまわりに群がり、誇らしげにこの国の旗を振るなか、僕はフォロワーにこう言った。「2週間ほどまえ、この国で、独裁者ロバート・ムガベが打倒されたのはみんな知ってるよね？　そのすべては、おおぜいの平和的な抗議者によって、銃弾ゼロ、犠牲者ゼロで成しとげられたんだ！」

　ジンバブエに到着したとき、僕が目にしたのは、挑戦的なほど楽観的な人びとだった。かれらは怒っているわけでも、心配しているわけでもなく、誇りをもってるように見えた。

　歓喜に満ちたジンバブエ人たち。かれらにカメラを向け、気持ちを聞いてみた。

「今日はとっても幸せだよ！」「やっと自由を感じるね！」
「新しい時代、新しいスタートだ！」

歓喜に沸くジンバブエの人びとのなかで

　これがいわゆる「民衆の力」ってやつで、その夜、Facebook
に動画を投稿したときには、「世界一幸せな国」というタイト
ルをつけた。本当にそう感じたんだ。

　だけど、僕はジンバブエが長期的な独裁政権から脱却し、
今後どうやって安定をとりもどしていくだろうかというこ
とに深く興味をそそられた。それから数日間、僕はその疑問を

探った。そして、ジンバブエ再興のカギとなるのは「創意工夫」だと発見するのに、それほど時間はかからなかった。

たとえばそれは、ライドシェアのシステムだ。UberやLyft、Viaなどと同じ「技術」が、ジンバブエにもあった。崩壊した経済と急増する雇用に直面したジンバブエの人びとは、テクノロジーに頼らない独自のライドシェア・コミュニティと雇用を生む方法を考えだした。

それは「ムシカ・シカ」（ジンバブエの主要な公用語であるショナ語で「早く、早く！」という意味のスラング）と呼ばれるもので、Uberと違うのはたったひとつ、アプリが必要ないという点だ。自分の車を持っている人たちがネットワークを構築し、小回りの利くシャトルバスみたいに街を巡回し、タクシーよりもはるかに安い料金で目的地まで連れていってくれる。料金は、乗車1回につき50セントだ。じつは、サンフランシスコにあるLyftという会社は、かつてZimrideという名前だった。なぜかと言

ムシカ・シカの運転手

うと、創業者がジンバブエで見たムシカ・シカに着想を得てつくった会社だからだ。彼はその後、社名をLyftに変更し、数十億ドル規模の企業に育て上げた。

たしかに、ムシカ・シカはUberに比べてちょっとハードルが高く、メディアや警察を含む地元の人びとはムシカ・シカを危険な存在とみなしている。とても興味深いね。批判の声をよく見てみると、社会の上位層であるエリートからの声が多いことがわかる。だけど、僕が目にしたジンバブエの人びとは、みんなムシカ・シカをどこへ行くにも利用している。

そう、たとえ明日、すべての企業が廃業に追いこまれたとしても、ムシカ・シカのような草の根的活動には、ある種の希望を見出すことができる。何十年にもわたる政府の抑圧からたちなおり、みずからの手で仕事をつくり、たがいに助けあいながら生活を向上させている一般市民がいる。イノベーションは思いもよらないところから生まれることがあるんだ。

ジンバブエの人びとは、両替システムにも革新をもたらしている。ハラレ滞在中、僕は手持ちの現金を使いきっちゃったことがあった。政府が経済をひどく混乱させてしまったため、銀行は悪夢のような状態で、ATMはどこも使えなかった。そこで、ジンバブエの人たちは、財布を携帯電話のなかに入れることで、この混乱を回避する方法を見つけたんだ。それは「エコキャッシュ」と呼ばれる、全国に普及している電子決済システムだ。2011年にジンバブエでスタートしたこのシステムは、いままで具体的なモノだったお金を携帯電話のなかの数字に変化させ、携帯電話での入金、出金、送金、決済を可能にするものだ。もはや現金は王様じゃないんだ。

僕が大学を卒業して最初に就職したのはVenmoだった。Venmoは当時、アメリカのモバイル決済業界で圧倒的な存在感を示していた。Venmoは素晴らしいアプリだったけど、屋台や露店のオヤっさんたちに導入してもらうのは不可能に近かった。だけどジンバブエでは、エコキャッシュはどこでも使える。レストランや宿泊施設から、路上駐車、高速道路の果物屋さんまで、どこでも使える。ホームレスの人に寄付するときですら、ボタンをタップするだけでいい。

　経済が破綻し、政府が機能していないこの低開発国を、ムシカ・シカとエコキャッシュは救うことができるだろうか？　もちろん、難しいだろう。だけど、ひと握りの大国に支配されたこの世界で、いまは発展途上だとしても、改善の努力を怠らない国から教訓を得ることができて、僕には刺激的だった。

　603日目、僕はジンバブエを出発し、スワジランド、ヨハネスブルグ、そしてその先へと向かうことにした。ハラレの空港に到着したのは、ちょうど夕食時を過ぎたころで、空は深い藍色に染まり、荒涼とした雰囲気が漂っていた。そして、とても静かだった。

「やあ、みんな」。僕は声をひそめてカメラに語りかけた。「いま、世界でもっとも孤独で不気味な空港に到着したところなんだ。税関の列に並んでるのも、パスポート・チェックを受けてるのも、セキュリティ・チェックを受けてるのも、そしてターミナルに入っていくのも僕ひとりだ。僕が乗る機も含めて、今日ジンバブエを離陸する飛行機は6機。僕のほかには30人しか予約がないみたいだ。どうなってんだ？」

　冗談じゃなく、本当に不気味な場所だった。一国の首都にあ

る国際空港なのに、じつにシュールな静けさに包まれていたのだ。僕はジンバブエに3日間滞在し、ジンバブエが手に入れた自由と人びとのたくましい精神について話したばかりだった。だけど、その荒涼とした空港の光景を見てはじめて、この国がかかえる問題を理解することができた。

　この経験から僕は考えた。今度、僕たちが混雑した空港で足止めをくらったとき、長蛇の列やおせっかいなTSA（アメリカ合衆国運輸保安庁）の人たちや、ゲートで肩を寄せあう人たちにイライラするんじゃなく、ちょっと立ちどまって、健全な経済と機能的な政府の成果を目の当たりにしていることに感謝すべきなのかもしれない。ジンバブエはまだそれを享受していない。この国の復興に向けた道のりがムシカ・シカな（早い）ものであることを祈るばかりだ。

フェイクニュース
から風水まで

中国、891日目

中国は恐ろしい。僕が1000日間の旅で訪れた国のなかで、あまりに恐ろしいので行くのをためらった唯一の国だった。僕はいわゆる事なかれ主義じゃないが、中国は近年、何度も一線を越えており、警戒しないわけにはいかなかった。

説明しよう。たまにでもニュースを見ている人なら、多くの人が中国に憤っている理由を知っているだろう。中国は秘密主義だ。孤立している。気難しい。そして、国際舞台で活躍する巨大なプレーヤーでありながら、ルールを守ることを学んでいない。

まず第一に、この国は知的財産権をほとんど尊重していない。比較的短いこの国での滞在中、すべての電子機器店は、のきなみ偽物で埋めつくされていた。あらゆる棚でコピー商品がバーゲン価格で売られていて、だれもそれが悪いことだとは思っていないようだった。携帯電話、ノートパソコン、デスクトップパソコン……、どれもアップル製品の完全な偽造品で、ケースにアップルのロゴが入っていないだけだ。

電子機器だけじゃなかった。テスラをそっくりそのままコピ

ーした車や、エアジョーダンを完全にコピーしたスニーカー、さらにはパリを丸ごと再現した街まで見た。中国はパリをコピーするほど、あらゆるものをコピーしまくってるのだ。

中国のインターネットにも問題がある。僕たちがなれ親しんでいる欧米のインターネットに比べて、自由度が低く、検閲も多い。Facebookは？　WhatsAppは？　えっ、Googleまで？

これらはすべて中国では禁止されてて、僕の中国での滞在はとても困難なものになった。また、政府は報道をプロパガンダとして利用することにひじょうに長けている。中国語に「フェイクニュース」っていう概念があるのか、教えてほしいところだ。

そして、差別がある。中国西部でのイスラム教徒に対する扱いは、ひかえめに言って、極めて憂慮すべき事態だ。一般的に、中国が人権を尊重してないことはよく知られてるけど、イスラム教徒に対する蔑視はとくに残酷だ。ニューヨーク・タイムズ紙によると、ホータンという街だけでも、何百人ものウイグル族のイスラム教徒が、有刺鉄線で囲われた敷地内で、共産主義を崇拝するように「高圧的な教化プログラム」を受けているという。僕がホータンを訪れなかったのには、このように当然の理由があった。

僕のスマホ（左）と中国版スマホ。アプリがまったく違う！

なので、北京行きの飛行機に乗ったとき、僕は中国のことがあまり好きじゃなかった。だけど、中国に到着してからは、これまでと同じように、動画を制作することを約束した。自分が見たものを率直に、正直に報告した。そして安心したことに、僕は中国の人びとに対してかなりの尊敬の念を抱くことになった。

960万㎢、14億人の人口をもつ中国には、見るべきものがたくさんある。きらめく港や農村など、絵に描いたような美しい風景が広がっている。また、4000年以上にわたって王朝の興亡と戦をくり返してきた分厚い歴史も、同様に魅力的だ。だけど、いちばん僕の脳裏に焼きついているのは、その伝統的な建築様式だ。

892日目は、上海と寧波のあいだの穏やかな湾に位置する浙江省のにぎやかな省都、杭州を訪れた。お茶やシルクの産地として有名な杭州は、昔からムスリム商人たちの交易拠点として知られていた（やるね、ご先祖様！）。今日では、浙江省の経済・政治・文化の中心地であり、世界でもっとも急速に成長している都市のひとつとなっている。それが僕をひきつけたのだ。

杭州に到着したときは夜だったが、明るく照らされた3つの建物に目を奪われた。インターコンチネンタル・ホテルは、水辺に建つ5つ星の高級ホテルだ。20階建てのこのホテルは、太陽をイメージして設計されており、金色に輝く完璧な球体だ。ダース・ベイダーのデス・スターから邪悪な暗黒部分をとり除けば、きっとこんな感じなんじゃないかな。そう、それがインターコンチネンタルだ。

ホテルの向かい側には、杭州大劇院があり、これもまた傑作だ。9万㎡の広場に、オペラハウス、コンサートホール、野外ステージなどが設置されている。三日月の形をしたプール・ブルーのガラスの外壁が目をひく。

　そこから、ゆったりとした銭塘江を眺めながら数百メートル進めば、杭州市民センターがある。優美な曲線を描く6つの高

左上から時計回りに、インターコンチネンタル・ホテル、杭州大劇院、杭州市民センター

層ビルが円状に配置され、90mの高さにあるスカイブリッジで連結された高層複合施設。このタワー、よく見ると、何かに見えてこない？　6人の人間が仲よく肩を寄せあい、おたがいの腕を絡ませて立っているように見えたら、大正解！　このビルのモチーフは「人間」なんだ。

太陽、月、人間――なんとも壮大なコンセプトだけど、要点はそこじゃない。大事なのは、これらの建物の位置と配置、すなわち、「風水」の考え方だ。

中国では、人びとは気の力を信じている。よい気は成功をもたらし、悪い気は失敗をもたらす。杭州にあるこれらの3つの建築物は、よい気を増幅し、悪い気を追いはらうというコンセプトで建設され、配置された。まず、向かいあわせに配置された太陽と月が、川からよい気を引きだす。気はふたつの建物のあいだを通って、腕をつないだ6人の人間のところにやってくる。かれらのまわりを1周したあと、気は街全体に降りそそぎ、この地に生命力をもたらす。建築家と都市プランナーはそう意図した。

言いかえれば、中国は1000億円を投じて、水からの見えない力を引きよせ、自慢の超高層ビルのあいだを縫うように、街じゅうをぐるりと循環させて着地させている。費用対効果とエネルギー効率を考えてのことだ。

これはフェイクニュースの類じゃない。風水とは、中国に古くから伝わる地理学にのっとったもので、森や建物など、物の配置によってエネルギーを利用し、人が環境に調和できるようにするというものだ。杭州の発展ははたして風水の効果によるものなのだろうか。ショッピングモールは、より多くのビジネ

スを誘致するために、エネルギー循環のコンセプトに従って構築されている。ツインタワーを建てるのは、そのあいだに空間をつくってエネルギーが泳ぐようにだ。空気中によいエネルギーが増えれば増えるほど、僕たちの生活は豊かになると信じられている。

風水は中国だけでなく、世界中で見られる。シンガポールの高層ビルにも、香港の街並みにも、そう、きみの家にだってあるよ。そう、多くの人が風水の原則にしたがって家具を配置しているんだ。ベッド、ソファ、鏡、テレビ……、すべての家具を風水にのっとって配置することで、家によい気がもたらされる。そうすれば、仕事で疲れて不機嫌になって帰ってきても、すぐに穏やかでポジティブな気持ちになれるだろう。魔法じゃない、現実の話だ。

897日目、僕は中国を離れ、香港、そしてカナダへと向かった。数日前、中国に到着したときの疑念は同じように抱いていたけど、未来を見すえる中国の人びとへの尊敬の念がそれを和らげてくれた。滞在中に学んだもっとも重要なことは、どのようなかたちであれ、よい気が重要だってことだ。僕たちは生活のなかで、友だちから、リビングルームから、建物から、そして政府から、もっとよい気を受けとる必要があるんだ。中国はその一部を解明している。

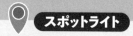

南アフリカ●ゴミでつくったロボット

ムポ・マクトゥは、南アフリカの田舎に住んでいた10歳のころから、ブリキ缶や家にある家電の電気部品を使っておもちゃの車をつくるのが好きだった。父親のステレオをバラしてこっぴどく叱られても、彼はやめなかった。

僕が初めてムポに会ったとき、彼は20歳で、機械工学科の学生だった。彼は南アフリカ最大の行政区画であるソウェトの歩道のベンチに座り、廃棄物でつくった奇妙な5本足のロボットを操作していた。捨てられた段ボール、コーラの缶、針金ハンガー、電動ドリル、古いエレベーターのバッテリーなどを組み合わせてつくった珍妙な装置を見せ、通行人からの投げ銭を期待するという、昔ながらのストリート・パフォーマンスだ。ムポは自作した小さな工事現場のクレーンのようなものを、7つの電動レバーで操作した。回転させたり、ものを拾ったりできるくらいだったけど、ゴミからつくったにしちゃたいしたもんだ。

ムポの夢は、いつかロボット工学の世界に入って一攫千金を果たし、自分の工房をもち、街の仲間に仕事を提供することだ。もし彼がカリフォルニアに住んでいたら、その才能と努力が認められて、すでにGoogleやAppleに引きぬかれていただろう。だけどいまは、南アフリカの街角で、だれかにスカウトされるのを待ちながらの修行の日々を楽しんでいるように見えた。

ニュージーランド●だれかと鼻を合わせる

　ニュージーランド北部のタウポという町では、ヨーロッパ人より400年もまえにポリネシアからカヌーで上陸したニュージーランドの先住民族、マオリ族に出会う幸運を得た。現在、マオリの人口は全人口の15％にも満たないけど、かれらはいまでもニュージーランドを、祖先が名づけた「長くて白い雲の国」を意味する「アオテアロア」と呼び、独自の文化をとおして民族のアイデンティティーを強烈に主張している。

　かれらの武器や装身具に施された彫刻は祖先の物語を表していたり、かれらが体（とくに顔に）刻むタトゥーには、家系や社会的地位といった具体的な意味がこめられていたりする。肌の色なんかじゃなく、伝統と言語、そして血統がかれらをマオリたらしめているんだ。故郷でずっと疎外感をいだいてきた僕は、このステキな人びとにすぐに親近感をもった。何世紀にもわたって自分たちの文化を忠実に守ってきたマオリのやり方に、インスピレーションをもらったんだ。なにより、タウポで最初に出会ったマオリの長老のあいさつが忘れられないよ。彼は慣習にしたがって、僕に近づいて、目を閉じて、それから……、自分の鼻を僕の鼻に押しつけたんだ！

　マオリの文化では、生命の息吹を交換することで、相手を真に受け入れることができるとされている。

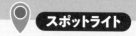
パレスチナ●彼は未来をつくった

14歳で逮捕された人が、幸せな人生を送っているとはとうてい思えないよね。しかも、その後さらに7回も逮捕されたとしたらなおさらだ。だけど、バシャール・マスリの場合は違う。パレスチナの西岸に位置するナブルスで育ったバシャールは、1967年のイスラエル政府による祖国の占領に抗議することを責務と感じていた。「僕はずっと石を投げてた」と彼は言った。「でも、やつらは立ち去らなかった」。結果、バシャールは、牢屋に8回も放りこまれることになった。

だけど、彼の話はそこで終わらない。バシャールはアメリカに渡り、バージニア工科大学で工学の学位を取得した。それでも故郷の苦境を忘れなかった彼は、パレスチナに戻る。そこで彼は不動産から農業まで30もの事業を立ち上げたり、既存事業に投資したりして、数十億円を稼ぎだしたのだ。バシャールは、パレスチナとイスラエル、二国間の問題解決のために、ヨルダン川西岸の丘陵地帯に、ハイテク都市ラワビを建設した。パレスチナ史上最大の不動産プロジェクトであるラワビは、4万人が生活できる6000戸の住宅を擁し、1万人に雇用を提供することができる。バシャールはだれかにぶつけるためじゃなく、愛する祖国の未来を築くために石を使うことにしたんだ。

第8章
地球の果ての
探検行

第9の惑星

アイスランド、792日目

　僕は子どものころ、太陽系には8つの惑星があると教わった。だけど、この国はまるで、地球上に存在する9番目の惑星だ。その名は、プラネット・アイスランド！

　旅の792日目、僕は比較的温暖な気候のデンマークを出発し、北大西洋を北西に向かっていた。目的地は、火山活動が活発で、間欠泉と氷河が豊富な島国・アイスランド。北欧の最果てに位置し、寒冷な気候で知られる不思議の国だ。

　僕はこの地に降りたってわずか1日で、いままでに足を運んだどの場所とも違う多くの点に気づくことができた。まず、アイスランドには軍隊がない（だれとも戦争をしないのに、軍隊が必要だろうか）。また、男女平等が進んでいて、空気清浄度は世界トップレベルの環境をもち、充実した医療、高い賃金、低い犯罪率なんかも特徴としてあげられる。蚊はいない。マクドナルドもない。

　さらに、アイスランドには、固有の言語がある。アイスランド語の響きはまるで音楽みたいだ。「Það er eina mínútu, sjáumst á morgun!」——どう？　「これで1分、また明日！」

アイスランドの氷河

っていう意味だ。

　そしてなによりも、アイスランドがニュースでとりあげられることはほとんどない。つまり、24時間ライブ放送の「世界の悲報」から逃れたい人にとっては、理想的な旅行先なんだ。

　僕は、この国が北極圏に片足をつっこんだ、年じゅう雪かきしてる時代遅れのド田舎だなんて言ってるんじゃない。まったく逆だ。切りたった山と渓谷、氷河できらめくような、この10万k㎡におよぶ土地があってこそ、この国は、その環境と自然エネルギーを生かし経済成長を遂げることができたのだ。

　たとえば、朝、バスルームに入ってシャワーでお湯を流すと、卵の腐ったような臭いが立ちこめる。目覚めの挨拶としてはちょっとクセが強いけど、この島が自然の恩恵に預かっていることを示す最初のサインだ。というのも、シャワーに使われているお湯は、この島のあちらこちらで見られるまばゆいばかりの間欠泉の源である沸騰泉に由来し、地熱発電所によって直接各

地熱発電所

家庭に届けられてるからだ。高価なボイラーを買う必要がないだけじゃなく、臭いの原因である水に含まれる硫黄は、関節炎や皮膚病などさまざまな病気に効果があるといわれている。

　一方、冷たい水は、島の天然の湧き水というまったく別の水源から来ていて、多くの人が地球上でもっとも新鮮できれいな水だと考えてる。シルフラの泉は、世界で唯一、ふたつの地殻プレートの切れ目に潜ることができる人気ダイビングスポットだが、ここに湧きでている水はそのまま飲むことができる、透明できれいな水だ。

　まだまだあるぞ。アイスランドの水は、環境保護にも貢献している。アイスランドは、化石燃料による二酸化炭素やその他の汚染物質を大気中にまき散らすことはせず、電力のすべてを自然による再生可能エネルギーでまかなっている。なかでも大きな割合を占めるのが水力発電だ。川や温泉、氷河の力はとてつもなく、温室で植物を育て、水を供給するついでに、国内総

発電量の70％を供給している。

　そんな事情を抜きにしても、氷河の魅力は計り知れない。アイスランドの名前が示すとおり、国土の11％が氷河でできている。そのなかで最大のものはヴァトナヨークトル氷河で、面積は8100㎢、氷の厚さは場所によっては800mある。ひとつの氷の塊としては、めちゃくちゃ大きい。僕とアリンは、この国に来てすぐに氷河ハイキングに出かけた。ヴァトナヨークトルに比べれば赤ちゃん氷河だったけど、それはもう超絶的な体験だったよ。僕は頭の半分でスパイクつきのブーツを氷にしっかり固定することに集中していたけど、もう半分は、何十万年もまえの水の上を実際に歩いていることに大興奮していた。

　アイスランドに滞在した12日間で、この国が一個の独立した惑星だっていう証拠を十分に集めることができた。たとえば、アイスランドの太陽は、顔を出す時間にとてもこだわりがある。夏は暗くならないし、冬はずっと夜。訪れたのが6月だったこともあって、空はつねにハッピーで明るく、おかげで僕の体内時計は狂いっぱなしだった。

　アイスランドに特有のことはもっとある。アイスランドのビーチは黒い。馬は、かつて大陸から持ちこまれたときに船の移動に耐えられる馬種が選ばれたとかで、しゃがんでるみたいに背が低く、「スケイズ」と呼ばれるリズミカルなギャロップなど、ほかの馬種にはできない特殊な歩き方をすることができる。さらに、有名なペニス博物館があり、何百種もの哺乳類のご立派なムスコが常設展示されている。

　人びとはバイキングの子孫で、鋼のようなたくましさをもっている。それは、このような極端な自然環境のなかで生きてい

ピクサーの映画から出てきたようなアイスランドの馬

バイキングの子孫たち

くための強さと自信の源だ。かれらはこの島と共存し、すみか
を築き、文化を育んできた。悠久の時を経てきたこの地の水の
ように、何世紀ものあいだ、独自の文化を保ちつづけてきたん
だ。僕が出会ったステキな若いカップルは、とても愛しあって

いて、結婚を望んでたんだけど、じつは自分たちが親戚であることを、つきあいはじめてから知ったんだって。みんなが共通のご先祖様をもってれば、そういうこともあるだろうね。

アイスランドの国民的コメディアンであるヨン・ナールは、政府の政治にうんざりして、冗談で首都レイキャビークの市長選に立候補した。選挙戦では、タオルの無料配布、シロクマの飼育、ディズニーランドの建設などを公約に掲げていた。結果は？　みごと当選したんだ。

そして、ミートアップに参加してくれた何百人ものアイスランド人たちは、自分の国に強い誇りをもっていた。顔に国旗のペイントをしたり、バイキングの角をつけたりするのは、自分のルーツを愛してなければできないことだ。

たぶん、僕がとてもいい気分で、アイスランドを吹く風が僕の脳のなかのゴミを吹きとばしてくれたからだろうけど、アイスランドに到着して10日目、僕は4分間の特別動画をつくり、凍てついた大地で目にした驚くべきことがらと、それに対する僕の気持ちをプレゼンした。

「これはいままで僕がつくったなかでもっとも難しく、もっとも費用のかかった動画だ。この動画をみんなと共有できることを、このうえなく誇りに思ってる」

僕は視聴者のみんなにこう伝えた。

「これは単純な旅動画じゃない。これはものごとのあり方が僕たちの世界とはちょっと違う、別の星のスクープ動画だ。これを見れば、きっとみんな、地球もこの奇妙で美しい〝惑星〟と同じくらい進歩し、自然と調和し、平和であってほしいと願うはずだよ」

うれしいことに、動画へのレスポンスはすぐに寄せられた。「この国を楽しんでくれてありがとう」。地元アイスランドのブリンディスは、そのコメントを明るい黄色の幸せそうな顔文字とともに表現した。「きみがここにいてくれて、僕たちもとても幸せだよ」。

「マクドナルドが紛争をひき起こすことは周知の事実だ」。エルサレムのマイクがつけ加えた。「アイスランドにならおう。マクドナルドがなければ、戦争もない！」

　視聴者みんなの反応をもっともよく表していたのは、インドのディーパンシュウだな。「いいなあ、オレも連れてってくれよ！」

アイスランドは滝の国でもある。気持ちいい！

地球の裏側に
ある不思議

まさか、入国するだけで、こんなに時間がかかるなんて。

2018年4月20日、NAS DAILYの742日目、僕の乗った飛行機は、1000日間に訪れた目的地のなかで唯一、国と連邦と大陸が一体となったこのオーストラリアの地に降り立った。入国できたときは興奮に身ぶるいした。そこにいたるまでが大変だったんだ。

1年以上前に入国ビザを申請したが、オーストラリア政府はFacebookに投稿する動画をつくることを仕事と認めてくれなかったため、却下。半年後、ニュージーランドに行くためにオーストラリアを経由したときも、ストップ・オーバー（途中降機による短期滞在）でさえ認めてもらえなかった。数か月後、空気を読まずに三度目の挑戦をしたところ、やはり却下。

ここまで来たら、オーストラリアという国家全体が僕を嫌っているんじゃないか、北朝鮮にもぐりこむほうが楽なんじゃないかとすら感じはじめてた。2018年の春、僕は祈るような気持ちで、泣きの一回を試みた。すると、四度目の正直だ。「どうぞお入りを！」

地球上の多くの都市から飛行機で20時間の距離にあるオーストラリアは、770万km²におよぶ国土のなかで、光り輝く都市、乾燥した砂漠、青あおとした熱帯雨林、ギザギザの山脈、そして硬くて平たい地面がシンフォニーを奏でている。この国の先住民であるアボリジニは、6万年以上もまえに南アジアから渡ってきて、いまも生活を続けている。そのため、この大陸は地球最古の人類の営みを保つ地域のひとつなのだ。18世紀にイギリスに植民地化され（オーストラリア人にとっては、いまだにデリケートな問題だけど）、1901年に国家としての地位を確立したが、現在もイギリス連邦のなかの一国である。

　僕は、おそらくほかの人と同じやり方で、オーストラリアの旅を始めた。この国ではいろんなものが「逆さま」だという状況に慣れるためだ。排水溝の水は北半球とは逆方向に渦を巻き、車は道路の逆車線を走り、12月は暑く、7月は寒い。

　めちゃくちゃざっくりまとめるとしたら、オーストラリアは僕が訪れた国のなかで、もっとも前向きな国のひとつだ。Wi-FiやGoogleマップ、子宮頸がん予防ワクチンなど、現代に多大な貢献をしてきた国であり、政府の福祉制度は世界の羨望を集めている。だけど、僕がもっとも感銘を受けたのは、そこに生きる人びとそのものだった。

　たとえば、タスマニアで出会った、34歳のチーズ職人であるライアン・ハーツホーン。単調な仕事が退屈になった彼は、独学で羊のミルクからウォッカをつくりはじめ、蒸留酒メーカーとして成功している。

　また、14歳の少年、キャンベル・リメスにも会った。彼は、人生とは人を助けることだと心に決め、母親のミシンの使い方

ライアン・ハーツホーン

を独学で学び、カラフルなテディベアをつくって、ぬいぐるみを必要としている世界中の人びとに送りはじめた。僕が初めてキャンベルに会ったとき、彼は1万4千体目のテディベアを出荷したところだった。このテディはeBayで数千ドルで取引され、キャンベルはそれを慈善団体に寄付している。

つづいて僕は、メルボルンに足をのばした。そこは、植物園や世界的なクリケット場で知られる文化の宝庫だ。ここで僕は、オージー・スラングを徹底的に学んだ。たとえば、サンドイッチ（sandwich）は「sanga」であり、絶対に（definitely）は「defo」であり、朝食（breakfast）は「brekkie」であり、オーストラリア（Australia）は「Straya」だ。簡単に聞こえるけど、「ブレッキーにはデフォでストラヤ風ソーセージサンガを食べるんだ」とか言われても、慣れるのに少し時間がかかる。

僕はここで、はじめてベジマイトを食べた。たぶん二度と口にすることはないだろう。国内で年間2200万個も売られてい

るという理由がまったくわからない。パンやビスケットに塗って食べるために、麦芽酵母と野菜エキスなどからつくられた発酵食品。チョコクリームのような見た目から期待する味とはかけ離れている。「瓶のなかのクソ」という表現がぴったりで、そのあまりのマズさから世界的に有名になってしまった。少しなめただけで前世の悪行を謝りたくなるほど。拷問という言葉がぴったりだ。

ベジマイトから回復した僕は、オーストラリアの旅でもっとも重要な行程である、北西部キンバリー海岸にある絵のように美しい真珠の町、ブルームへの旅に出た。ここで出会ったのが、現在オーストラリアの人口のわずか3.3％にまで減少したアボリジニだ。

ほかの先住民と同様に、アボリジニも植民地化の犠牲になった。18世紀から19世紀にかけて、オーストラリアにイギリス軍が上陸するたびに、かれらは貴重な土地と権利を失っていった。先住民の数が減りつづけ、やがてイギリス人兵士には、白人の進歩のじゃまになる「原住民」を射殺する権限まで与えられたのだ。

だけど、アボリジニは200年以上も、自分たちの土地についての正当な権利をとりもどすために、政府の措置を耐えぬき、抗議行動と立法闘争を重ねてきた。ニュージーランドのマオリ族やアメリカのネイティブ・アメリカンのように、かれらの数は少なく、政治的な影響力は弱いが、かれらの伝統に対する誇りは、僕がオーストラリアで見たなかでもっとも強力なものだ。

ブルームは小さな街だ。オーストラリア最後の秘境と呼ばれるキンバリー地区の西の玄関口で、どこまでも続く赤い砂の道

が、緑の土地を切り開くように、地平線までくっきりと伸びている。街のメインストリートにはドミノ・ピザがあり、水辺には築100年の野外映画館がある。

ブルームの自然の美しさを見れば、アボリジニがなぜ必死になって守ってきたのかがわかるだろう。ここでは、海の潮位が世界でもっとも高く、9mまで上昇する。潮が満ちると島になり、潮が引くと砂漠になり、1億3000万年前の恐竜の足跡を見ることができる。また、干潮時には、サンゴ礁から海水

ブルームの風景。地平線まで続く砂の道（上）と、岩に刻まれた祖先の足跡

が流れ落ち、海の真ん中に突然滝が現れたようになる。世界でもまれにみる自然現象だ。

　この海域では、ブルームの名産である真珠の養殖が、地元の人びとによっておこなわれている。僕は真珠養殖業者の一団が、ネックレスをつくるのに十分な量の真珠を牡蠣から採取するのを観察した。その真珠のひとつひとつが完璧だった。

　さらにブルームでは1年のうち300日は晴れていて、ロマンチックな夕日や見わたすかぎりの星や銀河を見ることができる。それでも、なによりも僕の記憶に残って離れないのは、その星の下で暮らすアボリジニの人びとだ。

　かれらの祖先がこの大陸に足を踏み入れたのは何万年もまえのこと。運よく僕みたいにアボリジニの人たちから一族の物語を聞くことができれば、アボリジニ語の単語を教えてくれたり、いまでも岩に残る古代の祖先の足跡を見せてくれたりする。その歴史に少しだけでも思いをめぐらせてほしい。ここは滝や真珠、恐竜や夕日など、世界でもっとも壮大な自然の景観に恵まれた秘境というだけじゃなく、地球に現存する最古の人類の文化が残っている場所なんだ。

　入国するときにはめちゃくちゃ苦労したけど、ストラヤでの3週間の生活は、デフォで面倒を乗り越えるだけの価値はあったと確信してるんだ。

Mi laikim kantri!
（僕はこの国が好きだ!）

子どものころ、初めて世界地図を見たとき、僕は激しく失望した。

「この星はもう探検されつくしてるんだ!」。僕は父に泣きごとを言った。「見て！　どの国にも名前がついてるんだ。海の真ん中にある小さな島にも名前がある。探検するものは何も残っていないんだよ！」

　子どもだった僕は何もわかっちゃいなかったんだ。NAS DAILYの856日目、地球上でもっとも手つかずの場所のひとつといわれているパプアニューギニアに到着したとき、僕はそれがまちがいだったと悟ってしまった。

　パプアニューギニアは、南太平洋にある巨大なニューギニア島（世界で二番目に大きい島）の東半分を占め、オーストラリアの北、インドネシアの東に位置している。800万人の国民は、何百もの部族、氏族、民族の血を引く1000以上の社会集団から成っている。また、地形的にも不思議な国で、険しい山々、鬱蒼とした熱帯雨林、活発な活火山、そして2500㎞におよぶ美しい海岸線を有している。

パプアニューギニアをくまなく探索することは、ほとんど不可能だ。実際、科学者のなかには、パプアニューギニアにはまだ未発見の動物や植物が生息しているんじゃないかと考える人もいる。

　多くの人びとが、人里離れた山の上の集落に住んでいるため、生活様式もさまざまで、古来の風習をごく最近まで保っていた集落もある。貝殻が通貨として全国的に廃止されたのは、1933年のことだ。

　パプアニューギニアは地球上でもっとも多様な言語をもち、その数なんと800以上。それぞれの母語は、この地に何千年もまえから存在する先住民族やコミュニティに由来しているんだ。これには驚かされた。僕はアラビア語、ヘブライ語、英語の3つの言語を知っていて、それって、けっこうすごいことだと思っていた。だけど、僕が出会ったパプアニューギニアの人びとのほとんどが、3つから5つの言語を話していた。ここでは僕はごく平均的な存在だ。

　同時に、この国では共通語として、簡略化された言語を採用している。欧米人が「トク・ピシン」、または「ピジン・イングリッシュ」と呼ぶもので、マレー語、ポルトガル語、ドイツ語、英語、そして古きよき時代の速記法が混ざった、味わい豊かなクレオール言語だ。18世紀、この地を訪れた入植者や宣教師たちによってもたらされた。言語は外から押しつけられるものじゃなく、文化のなかから生まれてくるべきものだと考えると、これはけっしてよいことじゃない。だけど、パプアニューギニアの人びとは何世紀もかけてトク・ピシンを自分たちのものにし、現在ではパプアニューギニアでもっとも広く話されて

いる言語となってるんだ。

トク・ピシンのルールは、とてもシンプルだ。アルファベットは26文字ではなく22文字で、長い言葉や難解な綴り、難しい文法はなく、文型がきっちり決まっている。

coffee（コーヒー）のかわりに「kofi」。

library（図書館）じゃなく、「buk haus」（本の家）。

university（大学）は「bik skul」（大きな学校）で、jungle（ジャングル）は「bik bus」（大きな茂み）。eat（食べる）は「kaikaim」、dinner（晩ごはん）は「nait kaikaim」（夜に食べる）。

辞書をたたきつけたくなるようなばかげた動詞の活用も、いっさいない。「I am」「She is」「We are」のかわりに、「mi」「yu」「ol」（私、あなた、すべて）となる。だから、この国では、注意書きの看板の表現も、とてもシンプルなものになっている。

トク・ピシンの翻訳で、僕がいちばんすんなりわかったのは、「Yu luk nais」＝「You look nice」だった。

僕はひそかに、なんとも言いがたい感動をおぼえていた。そのころ、僕はすでに地球を何周もしていて、旅のなかで、世界の問題の大半はディス・コミュニケーションに起因していることに気づきはじめていた。アフリカ諸国の戦争も、中東の激しい対立も、世界中の貧しい人びとが助けを求めているのも、結局はおたがいの声が聞こえていないことが原因なんだ。だから、だれもが理解できる言葉を見つけようとしている国は、僕にとって素晴らしい場所だった。

だから僕は、パプアニューギニアでの1週間の滞在中、ほとんどの時間を調査モードで過ごし、この土地の習慣や儀式に触れようとした。人びとは、いつも熱心に僕に教えてくれ

マッドマン

た。

　僕が参加した「sing-sing」（トク・ピシンでいう民族舞踊）は、色鮮やかなボディペイントをほどこし、貝や羽、動物の皮などでつくった精巧な衣装を身にまとい、鳥や山の精霊を表現するものだ。

　東部高地に住むアサロ族の「マッドマン」とも会う機会があった。かれらは灰色の泥を体に塗り、泥でつくった死霊の仮面をかぶり、部族の祖先の伝説をいきいきと再現していた。その伝説とは、200年前、怒りに満ちた死霊にふんして、敵を村から追いだしたというものだ。

　ビンロウジュも食べてみた。これはヤシの実の一種で、南アジアなどで好んで食されているが、パプアニューギニアではマスタードシードとライムを加えたスパイシーな味つけになっている。中毒性があり、危険性もある（世界保健機関は発がん性物質に分類している）が、パプアニューギニア人にとってはこだわ

りの食べ物だ。食べてみると、かならず「赤い口」になる。

　僕はイスラム教徒で、豚肉はもちろん、豚にも手を触れない
のだが、豚といっしょに寝るという経験をした。パプアニュー
ギニアでは、豚は神聖な高級品であり、花嫁の家族への結納金、
紛争の示談金、投資などに使われる。祝祭日には食用にもされ
る。この国では、平均的な豚一頭分の肉は1300ドル（iPhone1
台分）だ。僕が豚と同衾（どうきん）したのは、人びとの生活に重要な役割
を果たしている姿をぜひまぢかで見てみたいと思ったからだけ
ど、なかなか何度も経験しないだろうな。

　📍 さらに、現地の文化を真に体験するために、この地ででき
た新しい友だちが、結婚式を手配してくれた。僕とアリン
は、パプアニューギニアで本格的な結婚式を挙げた。念のため
に言っておくと、これはあくまでも模擬結婚式だったけど、そ
れでも僕たちは全力をつくした。

　僕たちは部族の風習にしたがって、顔を鮮やかな色で塗った。
黄色は煮沸した石から、黒は灰から、白は川底の粘土から採取
したものだ。伝統的な婚礼衣装も身につけた。貝と草のアンサ
ンブルに、ワイルドな髪飾り（アリンのはそびえ立つような羽毛の
爆発だったが、僕のは小さなパレードの山車（だし）のようだった）。また、
慣習どおりに、指輪を交換するかわりに豚をプレゼントした。

　正直、〝着られてる感〟満載で、質の低いコスプレって感じ
は否めなかったけど、みんなが「Yu luk nais」ってずっと言っ
てくれてたので、うまくいったってことにしとこう。それこそ
がこの体験の真の報酬だったと思う。村人たちは、僕たちを部
族の一員として受け入れてくれたんだ。かれらは1日中、ダン
スや歌を披露し、何千kmも離れたところから来た見知らぬふた

パプアニューギニアでの模擬結婚式

りに、自分たちの文化を伝えてくれた。そして、そのことを心から愛しているんだってことがわかった。模擬結婚式だったけど、お祝いしてくれた人たちの温かさは本物だった。

　パプアニューギニアは、個人旅行で訪れるような場所じゃない。この国を旅するのは生半可な作業じゃなく、観光客向けの設備もあまり見あたらない。だけど、僕は赤十字国際委員会の協力を得て、いまだなぞの多いこの国の核心に迫ることができた。委員会の使命は、現在も続く部族間抗争の影響を緩

和すること、診療所の再建や学校への水の供給、貧困層の健康と安全を守ることなどだ。かれらの活動に少しでもかかわることができたのは、ひじょうに光栄なことだ。ニュースでとりあげられることはなくても、かれらの活動はとても重要なものだ。

僕はよく、「すごい！」を連発しているとからかわれる。実際に言いすぎてるなと思うこともある。だけど、パプアニューギニアでの7日間、僕はつねに驚きの連続だった。この信じられないような人びとを目にし、かれらと目があった瞬間から、僕はかれらに恋をしてしまったんだ。これまでの旅で、そんな経験は一度もなかった。

あるとき、パプアニューギニア人の小さなグループに「きみの好きなものを教えて」と尋ねてみた。かれらはすぐに答えた。「パプアニューギニアのいちごが好き！」「ここの水が好きだよ」「うちの集落だな」「この国ぜんぶ！」

そして、たぶん50代くらいの農家の男性が、こんなふうに言ってくれた。「私の国に来てくれてありがとう。ここここそが私の土地であり、みんなとのつながりそのものなんだ」。

いま、世界地図を見ても、かつて父にこぼしたような失望感はない。なぜなら、それらの島々で見つけられるものは、まちがいなく、この美しく多様な世界に畏敬の念を抱かせるものだからだ。

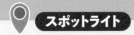

キプロス●奇跡のような友情

....

　44年前、キプロスは紛争に巻きこまれ、北と南の兵士がレフカという町に招集された。たがいに対立するギリシャ系キプロス人のヤニス・マラテフティス（写真右）と、トルコ系キプロス人のファティ・アキンチもレフカに赴いた。ヤニスはまだ19歳で、ギリシャ軍の兵役最後の日だったので、この戦いが短期間で終わることを願っていた。だけど、幸運は長く続かなかった。不運にも、彼はトルコ軍のファティに頭を撃たれたのだ。ファティはヤニスのヘルメットと無線機が地面に転がるのを見て、彼の死を確信した。だが奇跡的に、ヤニスは負傷から回復し、結婚して家庭を築いた。

　それから34年後、キプロス戦争をテーマにした本に、ヤニスの話が掲載された。トルコ語に翻訳されたものを読んだファティは、自分が殺したと思っていた男が生きていたことを知り、仰天した。そこでファティはヤニスに連絡をとり、許しを請い、会うことにしたのだ。それは感動的な瞬間だった。過去に銃口を向けあっていたふたりが抱きあっているんだから。現在、ヤニスとファティは親しい友人として、定期的に軍事境界線を越えて、果物と笑顔を交換しあい、家族ぐるみのつきあいを続けている。

イスラエル●平和の言葉

　2012年、リロン・ラヴィ・トゥルケニチは、自分がものを読むときのクセについて、驚きの発見をした。故郷であるイスラエルのハイファでは、同国でよく見られるように、道路標識にヘブライ語とアラビア語が併記されているにもかかわらず、アラビア語にはまったく注意を払っていなかったのだ。彼女はそれがどうにも不満だった。「ハイファでは、ふたつの文化が併存しているのに、まったくの平行線で触れあうことがない。そこで、このふたつを出会わせるために、新しい書体をデザインすることにしたの。私はフォントデザイナーだから」。

　リロンは34歳のとき、19世紀のフランスの眼科医ルイ・エミール・ジャヴァールの研究を参考にしてフォントをつくった。ルイは、人間の目がラテン文字の上半分を見るだけで、なんと書いてあるか識別できることを発見していた。アラビア文字も、同じく上半分だけで認識できる。リロンは試行錯誤のすえ、ヘブライ文字の下半分にも同じことがいえることを発見した。そこでリロンはそれぞれの文字を半分に分割し、つなぎあわせて、アラビア語とヘブライ語を同時に認識できる638文字の新しいアルファベットをつくった。彼女はこれを「アラブリット」と呼び、ハイファにおける人びとの共存のしかたを、文字どおり書きかえたのだ。

「私はアラブリットを政治的なものにするつもりはなかったわ」とリロンは言った。「でも、アラブリットは、私たちみんな——ユダヤ人とアラブ系イスラエル人、イスラエル人とパレスチナ人——に向かって、相手を無視しないことが共存を認めることにつながるんだというメッセージを送っている。これこそが、私たち自身の心に、そして願わくば社会に、真の変化をもたらすものだと思ってるの」。

旅の終わり

マルタ、1000日目

僕はこの文章を、涙を流しながら書いている。

僕は1000日のあいだに、1000本の動画をつくった。約3年前、最初の動画で毎日配信することを約束し、1日も欠かさずその約束を守った。

「どうやってなしとげたのかわからないよ」

僕は1000日目の最後の動画でフォロワーに伝えた。

この本というもうひとつの旅の終わりを迎えたいま、僕はこれまで以上に正直に語ろうと思ってる。

2019年1月5日の午前5時。僕はマルタにいた。NAS DAILYの最後の動画にマルタを選んだのには理由がある。276日前に初めて訪れたマルタは、NAS DAILY最大の思い出のひとつだ。マルタの人びとや政府から受けた歓迎は、なみはずれたものだった。そしてマルタは、自分が何かの役に立っているんだという特別な感情を与えてくれた。

だけど、最終日の朝、ホテルの部屋で僕は疲れきっていた。アラビア語で言うところの「口にする言葉がない」状態で、夜どおしカメラを見つめながら、ひたすら考えつづけていたんだ。

　この1000日間にわたる旅をたった1分でまとめるには、どうしたらいいんだろう？　まずは、僕の人生の始まりをふり返ることから始めるのがいいだろう。

　僕は4人きょうだいの真ん中の子どもとして育った。研究によると、真ん中の子どもは、第一子のように大事にされたり、末っ子のように溺愛して育てられたりすることは少ない。そのため、まるで自分の声が重要じゃないかのように感じることがあって、その結果、自尊心が損なわれてしまうというんだ。

　僕は両親に愛されていないと感じたことは一度もないが（両親は世界で最高の人たちだ！）、僕の意見は家族のなかではあまり重要じゃないようで、しばらくすると僕は、注目されることを期待しなくなった。僕はひとりで静かに思考をめぐらせていることが多かった。

それは、僕が育った村についても同じだった。僕が子どものころ、アラバの人口は2万人にも満たず、村の考え方はシンプルだった。ここで生まれ、ここで死ぬ。アラバには、女性の社会進出をはばむガラスの天井どころじゃない、だれかれかまわず頭を押さえつけるコンクリートみたいに固い天井があった。そのうえ、そこはムスリムの村だった。いまでさえ、小さな村のムスリムの子どもが、たとえばニューヨークの白人の子どもと同じように世界から注目されることはかなり難しい。

　そう、家庭環境、村社会、宗教などのすべてが、僕を孤立させ、何十億人のその他大勢のなかに埋もれさせようとしていたんだ。

　それはめずらしいことじゃない。きみがこの文章を読んでいるいま、地球上の大多数の人間は、権力者と同じ声の大きさをもっていない。これは事実だ。世界の人口の大半は、人をリードするよりは、従うことを求められている。僕は小さいころから、自分は先頭に立つんじゃなく、列に並ぶべくして生まれてきたんだと気づいていた。

　だけど、ある日、僕は偶然、スティーブ・ジョブズの言葉を見つけることになる。それは、僕がいつも悩んでいたことを言葉にしたものだった。

　　人生とは本当は、はるかに広大なものなんだ。あるシンプルな事実に気がつきさえすれば、きっとわかる。それは、きみが人生と呼んでいるすべてのことは、じつはきみよりも賢くない人たちによってつくりあげられたものだということだ。変えることだって、影響を与えることだって、き

み自身が何かをつくりあげて、ほかのだれかに使ってもら
うことだってできるんだよ。いったんそのことがわかれば、
もう二度と、もとの自分には戻れないだろう。

「もう二度と、もとの自分には戻れないだろう」――すごい。
この言葉は電流のように僕の体をつらぬいた。中東のイスラム
教徒の小さな村に生まれた、4人きょうだいの真ん中の子ども
が、実際に世界で活躍できるかもしれないと考えただけで、す
べてが変わったんだ。そうして、すべては始まった。

　　2016年4月10日にNAS DAILYを始めたとき、僕は世界の
　　ことを可能なかぎり学び、そのすべての瞬間を記録するこ
とを約束した。

　フィリピンの文化、ニュージーランドの先住民、アイスラン
ドの自然、イスラエルの挑戦、パレスチナの闘争、それらすべ
てを体験したかった。

　ミャンマーの日の出、チリの夕日、ガラパゴスの雄大さ、カ
ナダの思いやりなどを映像に収めたかった。セーシェルのビー
チに寝そべったり、ヒマラヤの断崖を登ったり、モロッコの砂
漠を歩きまわったりしてみたかった。

　モルディブではジェンダーの問題を考え、オーストラリアで
はいかつい方言を話し、シンガポールではエコロジーに感嘆し、
アルメニアでは人びとの寛大さを讃えたいと思った。

　いくつもの動画をつくるにつれ、僕の個性が現れてきた。自
分の意見や独自の考えをもつようになった。そして、僕はアグ
レッシブだった。とてもアグレッシブだ。自称・動画スターに
なるためじゃなく、インドのガンジス川の水に文字どおり身を

沈めたように、人間性の泉のなかに身を沈めるために、自分が
つくったすべての動画に出演した。

    僕は、僕自身の姿と考えを世界に向けて発信した。そして
驚いたことに、人びとは僕の動画や意見を気にかけてくれ
た。僕を見て、僕に耳を傾け、僕の旅を追いかけてくれたのだ。
何百万人もの人びとがそれを見守ってくれた。

　NAS DAILYは爆発的にフォロワーを増やし、街の話題にな
った。村でも都市でも。ニュースやネットでも話題になった。
そして、僕が予想もしなかった展開を見せた。人を刑務所から
解放するのにひと役買った。視聴者を絶望から救いだした。一
国の大統領や首相と言葉や意見を交わすことすらできた。アメ
リカだけでも、NAS DAILYは全人口の20%にあたる7000万人
に届いた。1000日目には、40億回以上の再生回数を記録した。

　NAS DAILYが世界的なメディアチャンネルになったことは、
予想をはるかに超えた驚きの成果だった。街なかやレストラン、
空港などで、人びとが僕に声をかけてくれるようになった。「最
高！」「考えさせられたよ！」「きみの動画、大好きだよ！」

　こういった愛や支えには心から感謝してる。でも、僕はほめ
られるために、あるいは有名になるために、この旅を始めたわ
けじゃない。秘密の目的もなければ、下心もない。僕はただ動
画をつくり、自分がこの世界になんらかのかたちで影響を与え
られるかどうかを確かめたかったんだ。

　そして、みんなが気にかけてくれたとき、僕は謙虚な気持ち
でただ感動し、深く感謝した。

    だから、2019年1月5日の午前5時、涙をぬぐって何度か
深呼吸をしてからカメラに向かい、最後に赤いボタンを押

したとき、スティーブ・ジョブズの言葉がふたたび頭のなかを駆けめぐった。

「世界はきみよりも賢くない人たちによってつくりあげられたものだ」

　だからこそ、この文章を書いてる僕の目には涙が浮かんでいる。小さな村を飛びした子どもが、ついに自分よりも大きなものをつくったからだ。

　ジョブズの言葉には、こんなものもある。

「人生というのは、指を突っこんだら、反対側から何かが飛びだしてくるものさ」

　それが、僕がNAS DAILYで得た最大の収穫だったじゃないかな。この美しい地球で、もっともっと多くの人が指を突っこめば、そのぶん、きっと何かが飛びだしてくる。

　僕たちは話したり、聞いたりすることができる。

　山を動かすことができる。

　心を動かすことができる。

　僕たちは、世界を変えることができるんだ。

謝辞

NAS DAILYで旅した1000日と同じように、この本の制作も、チームワーク、情熱、集中力、忍耐力、友情、愛情、そして幾晩もの眠れぬ夜を必要とする大仕事だった。この本を完成させるためにかかわってくれたすべての人に、はちきれんばかりの感謝の気持ちを伝えたい。

まずは、3年のあいだ、旅に欠かせない、かけがえのない友人となってくれたわがNAS DAILYのファミリー。なかでも、エーゴン・ヘア。きみは僕がいままでに出会ったなかでもっとも無欲な男だ。信じがたい忍耐力とプロ意識には頭が下がるし、最高のキャラクターにいつも助けられてきた。きみの冷静な判断力とがんばりがなければ、NAS DAILYはまったく違ったものになっていたにちがいない。

僕のエージェントで、NAS DAILYがネットの世界から本棚へ飛びだす可能性をいち早く見抜いたブライアン・デフィオーレ。出版社ハーパー・ワンの頼もしい編集チーム。とくに編集者シドニー・ロジャースの独創的で経験にもとづくビジョンは、すべてのページに行き届いている。

世界中で出会った新しい友人たち。しかるべきタイミングにしかるべき人物との出会いがあったことで、NAS DAILYの魂は養われてきた。デュマ・ワークスの共同創業者である若き起業家、アリエルとクリスティンは、僕をケニアに招き、NAS DAILYを始めるきっかけを与えてくれた。同じくケニアの人気テレビ司会者ティム・ヌジルは、旅の12日目にNAS DAILYを続けるように促してくれた。そしてインドで出会ったユスフ・オマー（ジャーナリストで、Hashtag Our Storiesの共同創業者）は、この活動の大きな可能性に気づかせてくれた。

人びとの思いやりの深さを、僕は永遠に忘れることはないだろう。インド・ベンガルールのナスがどんなふうに病気の僕を看病してくれたか。財布をなくしたふりをしていた僕に食べ物を買ってくれたフィリピンのロイは、まさにフィリピン人の精神を体現していた。そして、僕の可能性を信じてくれたサブリナ・イオヴィーノ。

フィジー・シモ、ギャレット・ゴッテスマンをはじめとするFacebook

252

社のみんなには、世界最高のプラットフォームをつくりあげたことに敬意を表したい。また、ヒューマンズ・オブ・ニューヨークの創設者ブランドン・スタントンは、僕に最初のインスピレーションを与えてくれた。きみの活動の成果はこのさきずっと存在しつづけるだろうし、この本が存在するのもきみのおかげだ。

25万語以上に及ぶNAS DAILYの文字起こしという、気が遠くなる作業を担ってくれたジャニン・サピノソ、ルス・カスティロ、ダニエル・ロフタス、ブリジット・クルーガー。3人のデヴィッドの力も偉大だった。デヴィッド・レンシンは、本の出版という荒波を乗り越えるための助言を楽しみながら与えてくれた。デヴィッド・タバツキーは、動画の内容を紙面に反映させるための的確な目と耳を持っていた。デヴィッド・スラヴィンは、ユーモアたっぷりに文章の指導をしてくれた。原稿を早くから読んでくれ、ユニークかつ最高に面白い視点から意見をくれた大西洋の向こうのヤン・プフェイル。この暴走列車に同乗し、ゴールまでのあらゆる局面で、いつも貴重なサポートを与えてくれたジョナサン・レヴィン、マルロ・トーマス、アリーン・ホーケンスタッド。

フィリピンとマルタの2か国とそこに住むみんなは、僕たちを心から歓迎してくれて、NAS DAILYが世界的に有名になるきっかけをつくってくれた。それぞれに「サラマット」と「グラッツィ」という言葉を贈らせてほしい。また、シンガポールは、僕や世界の人びとに、じつに素晴らしい国のあり方を示してくれた。

そして、アリン。きみは象の粘り強さ、イルカの天真爛漫さ、キツネの情熱をあわせもっている。NAS DAILYの本質を見つけてくれたのはきみだよ。仕事面でも精神面でも僕を成長させてくれた。

なにより、夢に向かって手を伸ばしつづける自由を僕に与えてくれた母さん、父さん、兄さん、妹のナヤ、弟のモハメド。あなたたちが支えてくれたから、僕のいまがあるんだ。だれよりも早く、すべての動画を見てくれたこと、僕に与えてくれたいままでのすべてに感謝してるよ。

最後に、この本を読んでくれたきみ。本当にありがとう。こうやってきみとかかわることができて、この本を書いた甲斐があるってものさ。

著者紹介

ヌサイア・"NAS"・ヤシン

映像クリエイター。1992年生まれのパレスチナ系イスラエル人で、同国アラバ村で育つ。2010年、ハーバード大学に全額奨学金で入学。大学卒業後、Venmo社で働きはじめるが、20か月で退職。2016年、世界を旅しながら、その冒険や発見を1分間の動画にまとめ、Facebookページ「NAS DAILY」に毎日投稿するプロジェクトを開始する。2019年1月5日、NAS DAILYの旅は64か国・1000日目を突破し、1200万フォロワー、総再生回数45億回を達成した。現在は、シンガポールを拠点に仲間とメディア会社を運営、毎週のペースでNAS DAILYの投稿を続けている（本書刊行時のフォロワー数・4000万、総再生回数・70億回）。

 NAS DAILY（Facebook）

 NAS DAILY（YouTube ※動画検索可）

ブルース・クルーガー

アメリカの作家、編集者。1956年生まれ。1981年から文筆活動を始め、新聞、雑誌、書籍、ウェブサイトなどで作品を発表。元俳優で、『プレイボーイ』誌の編集者を務めたのち、現在は「USAトゥデイ」「ハフポスト」などさまざまなメディアの執筆者として活躍中。本書では共同執筆を手がけた。

訳者紹介

有北雅彦 （ありきた・まさひこ）

作家・演出家・翻訳家・俳優・進路指導講師。1978年、和歌山県生まれ。映画や文学などのイタリア文化を紹介する会社「京都ドーナッツクラブ」に設立時から所属。著書に『あなたは何で食べてますか？』（太郎次郎社エディタス）、訳書にピエルドメニコ・バッカラリオほか著『13歳までにやっておくべき50の冒険』シリーズ（太郎次郎社エディタス）やシルヴァーノ・アゴスティ『見えないものたちの踊り』（シーライトパブリッシング）などがある。

世界でいちばん観られている旅
NAS DAILY

2021年7月25日　初版印刷
2021年8月25日　初版発行

著 …………………… ヌサイア・"NAS"・ヤシン、
ブルース・クルーガー
訳者 ……………… 有北雅彦
装丁 ……………… ヤマダデザイン室
編集担当 ………… 漆谷伸人
発行所 …………… 株式会社太郎次郎社エディタス
東京都文京区本郷3-4-3-8F　〒113-0033
電話 03-3815-0605　FAX 03-3815-0698
http://www.tarojiro.co.jp/

印刷・製本 …… シナノ書籍印刷

定価はカバーに表示してあります
ISBN978-4-8118-0848-2　C0026

All photos courtesy of the author except page 173 by Kevin Carter / Sygma / Sygma via Getty; and page 10 by iStock.

AROUND THE WORLD IN 60 SECONDS: The Nas Daily Journey ――1,000 Days. 64 Countries. 1 Beautiful Planet. by Nuseir [Nas] Yassin with Bruce Kluger

【電子書籍版】

世界でいちばん
観られている旅

NAS DAILY

ヌサイア・"NAS"・ヤシン 著

with **ブルース・クルーガー**　　有北雅彦 訳

電子書籍でしか読めないコラムを大幅追加＆
オールカラーの完全版、同時発売中！

価格：本体2000円＋税

追加収録コラム

［**スポットライト**］香港●世界最高の地下鉄をめざして／エチオピア●ハイエナマン／モロッコ●青一色の街／セイシェル諸島●世界最大のナッツ／ザンジバル●空き瓶を狙ってる／エクアドル●牛乳パックで家を建てる／デンマーク●カヤックの王／ガラパゴス諸島●文句のつけようがない吸殻アート……など24本

［**NAS的思考**］地図の隠された秘密／貧乏 VS 金持ち／僕がモノを買わない理由／数字の罠／中国の水責めとは？／カエルから学んだこと／プラスチックストローのジレンマ